中国驾培使命发起人

河北燕赵驾校董事长

邢海燕

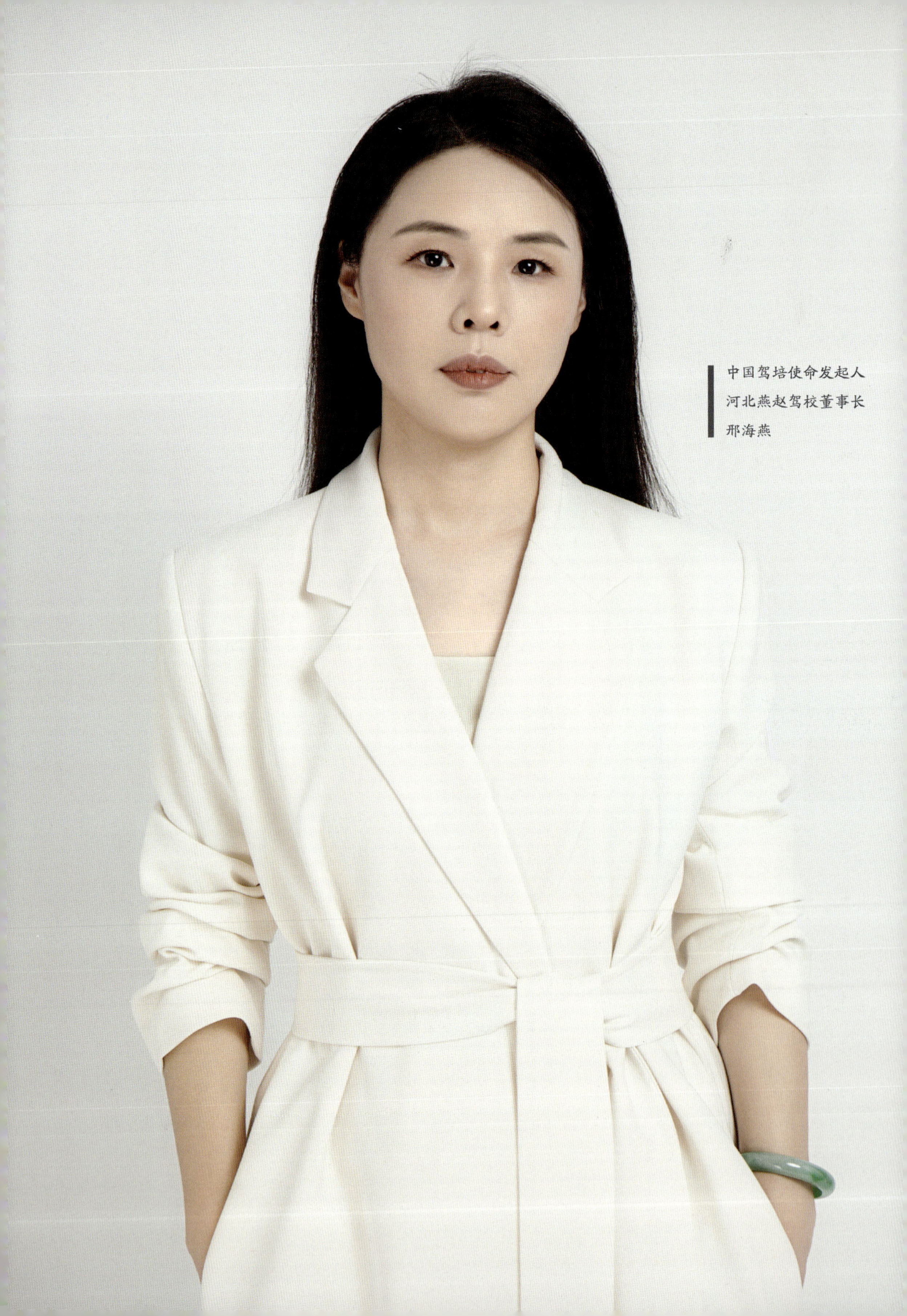

中国驾培使命发起人
河北燕赵驾校董事长
邢海燕

邢海燕作为特邀重磅嘉宾
在驾校年会上发言

全国数千所驾校的打卡点——燕赵使命墙 ▲

中国智慧驾校发源地 ▲

58 集团总裁 CEO 姚劲波在燕赵驾校总结会发言 ▲

三十所驾校的高管组团到燕赵参加训练营 ▲

邢海燕在全国驾培年会演讲 ▲

邢海燕正在接受电视台采访 ▲

2023 年会盛况 ▲

◀ 晨曦中宣誓的
燕赵团队

◀ 教师节节日现场
一起吃蛋糕喽

◀ 燕赵爱心助考志愿队

校长商学院 EMBA 在燕赵开班 ▲

冬至，燕赵小伙伴和学员们一起包饺子 ▲

邢海燕发起的芝麻会，正在研讨新驾培创新 ▲

使命的
力量

燕赵驾校品牌崛起之路

安道利　著

台海出版社

图书在版编目（CIP）数据

使命的力量：燕赵驾校品牌崛起之路 / 安道利著
. -- 北京：台海出版社，2023.5
ISBN 978-7-5168-3560-9

Ⅰ.①使… Ⅱ.①安… Ⅲ.①汽车驾驶员—培训—学
校管理 Ⅳ.① U471.3

中国国家版本馆 CIP 数据核字 (2023) 第 087030 号

使命的力量：燕赵驾校品牌崛起之路

著　　者：安道利

出 版 人：蔡　旭　　　　　　　　封面设计：明翊书业
责任编辑：姚红梅　　　　　　　　策划编辑：李梦黎

出版发行：台海出版社
地　　址：北京市东城区景山东街 20 号　　　　邮政编码：100009
电　　话：010 — 64041652（发行，邮购）
传　　真：010 — 84045799（总编室）
网　　址：www.taimeng.org.cn/thcbs/default.htm
E - m a i l：thcbs@126.com

经　　销：全国各地新华书店
印　　刷：三河市国新印装有限公司
本书如有破损、缺页、装订错误，请与本社联系调换

开　　本：710 毫米 ×1000 毫米　　　　1/16
字　　数：200 千字　　　　　　　　印　　张：14.5
版　　次：2023 年 5 月第 1 版　　　　印　　次：2023 年 9 月第 1 次印刷
书　　号：ISBN 978-7-5168-3560-9

定　　价：99.00 元

用"心"照亮驾培的燕赵人

58 集团总裁兼 CEO　姚劲波

　　燕赵驾校和邢海燕的故事，我是从驾校一点通 CEO 小磊口中得知的。当时，我和他谈到燕赵与邢海燕时，小磊对其人其事赞不绝口，听闻她的一些事迹后，我说：企业家常有，而这种做人心工作的企业家不常见。

　　后来，我有机会和邢海燕女士谋面，发现她在做团队建设方面尤其有思路，是现代企业家里的"奇女子"。海燕之奇，在于思维方式奇！看问题的角度奇！做事原动力奇！我们互联网企业讲究速度制胜、效率制胜，提倡简单做事的精神，这和邢海燕从人上下功夫，把"意愿度"作为制胜的核动力，是两条不同的制胜路径。

　　作为一个一毕业就扎根于一个行业打拼，并从一名驾校校长奋战成为中国驾培的领航者，邢海燕本身就是一个引人注目的焦点，从一名普通员工到一名企业家，她成就于驾培；从一名驾培从业者到中国驾培使命发起人，她又成就了驾培！她在驾培行业留下的诸如团队成长、团队业绩等奇迹，成为抹不掉的印迹，已经刻在了中国驾培发展史的里程碑上。

她曾帮助驾校一点通的销售团队，三个月时间创造了七个月的销售奇迹，这种高效能、高业绩也正是我们互联网企业所追求的。她这种靠调动团队潜能，把个人意愿度悉数激发出来的"打胜仗模式"和互联网企业打法确实不太一样。互联网企业的效率制胜，是大幅度提高效率颠覆、改造原有行业，创新各种工具，实现效率更高、体验更好的成果，一切直奔效率！而邢海燕的打法是依靠团队建设，调动员工自己的意愿度，让每一个参与者都以结果为导向，自发地奔向预设目标，每一个人都能发挥自己最大潜力，每一个人都能创造自己最佳战绩！这种打法不但创造出了喜人成果，还顺便把团队给"炼"出来了。

我后来有机会到访燕赵，感受到了燕赵团队的精气神，体会到了燕赵之魂。在与邢海燕的深入交流中，我见识了她在思想、智慧、远见等方面的与众不同，她始终坚持"贡献自己、成就他人"，且还能带队征战市场，这在我认识的众多企业家里面着实少见，尤其在团队建设方面，她堪称积极心理学的践行楷模。

与她深聊后，我才知晓，她是训练有素的教练型企业家，具备着一种带领球队夺取世界冠军的教练思维。这种从根源解决团队问题的超级思维模式，不单是驾培需要，所有行业都需要！

我想，如果互联网企业的"效率"思维和邢海燕的"教练"思维能够叠加，这样的队伍拉出去，会产生什么战绩呢？必定是一个激情四射一起打胜仗的团队。所以58和燕赵走到了一起。在贡献驾培、发展驾培的同时，一起探索新驾培的创新之路。

邢海燕在发起"培育中国好司机，贡献社会正能量"这一中国驾培使命时，引发了全国驾培行业的共鸣和众多驾培从业者的追随。作为一名企业家，燕赵在驾培行业创造的业绩和奇迹，值得很多企业学习和借鉴。

把企业做成了行业的旗帜

邢海燕发起中国驾培使命的那一刻，注定了燕赵将成为行业的一面旗帜。

燕赵驾校不是全国最大的驾校，却奇迹般成为被全国同行业学习最多的驾校，以"小而令人惊羡"成为另一种让人仰视的"第一"，被中国驾培的行业同仁冠以"中国驾培使命发源地""中国智慧驾校发源地""中国驾培行业的旗帜""全国同行最希望参观学习的驾校"等荣誉头衔。

可见，老大这把椅子，不仅企业规模的第一可以坐上去，而且精神文化的第一也可以坐上去。

任何一个国家或队伍都需要有自己的旗帜，旗帜代表的是一种精神、一种信念！任何一个行业也都需要旗帜，需要旗帜性的企业作为前行引领。而燕赵人通过实干出来的业绩、通过"炼"出来的队伍、通过凝聚人心的使命，成了驾培行业的一面旗帜。

燕赵人因为极致践行驾培使命，并引领全行业一起践行，而成为一面指引中国驾培方向的旗帜。

中国智慧驾校的引领者

驾培给人的印象是人力集中型行业，因为整个教学服务过程中有太多的人为因素参与，所以鲜有企业去做驾培行业智慧化改造。

邢海燕带领燕赵驾校对智慧驾校的探索，我觉得和她撒播"中国驾培使命"的火种一样，是一种创举。互联网企业讲究的开创往往和颠覆有关，燕赵智慧驾校的开创是通过自身的蜕变，来引领行业的智能化的普及，这种自我革命尤其珍贵。

智慧驾校，是改造、改变中国驾培行业的一个必经之路，中国"智慧交通"已经上升到国家战略，驾校作为中国汽车产业链的入口，其智慧化升级的重要性不言而喻。

中国智慧驾校的探索是一件利国、利民、利行业的大好事。58 旗下的驾培板块也一直致力于服务中国驾培，为中国智慧驾培赋能，燕赵驾校是全国智慧驾校示范基地中最成功、最出彩的。我相信，58 和燕赵走在一起后，中国驾培在智慧驾校的创新路上会走得更快，我们将携手去探索中国智慧驾培的新方向。

把企业做成了团建的标杆

在企业管理方面，燕赵驾校多姿多彩的企业团建，受到同行业和业外做企业的老板钦佩。

在燕赵，除了自动自发的"冲业绩、打胜仗"文化，邢海燕还塑造了一种企业文化叫"让爱流淌"，这种独特且惊羡业界的企业文化，着实让人有"惊鸿一瞥"的感觉。书中记录的每个故事，都能让你感受到燕赵"让爱流淌"的文化氛围。

燕赵把团队成长、员工成长，作为爱团队、爱员工的一种方式，让整个企业在爱里成长。这种让爱流淌的文化不是写在纸上，而是实实在在落到行动上。

当员工感受到这种爱时，员工就会去爱学员，学员就能感受到这种浓浓爱意。每一个员工爱学员的故事都是那么感人，那么让人动容。

邢海燕与燕赵驾校对中国企业的影响，不仅是业绩方面的贡献，而且是肩负了对行业发展的担当，更是对中国智慧驾校的探索，这将持续影响行业的发展。燕赵人用文化促动企业发展、引领行业变革的影响，必将远远超出驾培行业本身。

我听说，很多人会三番五次地去参观燕赵，后来才知道，原来他们都是想找邢海燕去聊聊"心里话"。可以说，她是一个用"心"照亮驾培行业的驾培人，一个靠"心"来践行使命的企业家。

这种使命的力量，鼓舞着我们每一个人！

序二

一种精神撑起一个行业

驾校一点通 CEO　张小磊

在 2017 年邢海燕组织的一次小型行业聚会上，我与她初识。那时候，我对她和燕赵驾校的了解还局限在对驾校的经营上，并没有太多关注驾校团队及文化层面的东西。

随着对燕赵驾校了解的深入，我才发现燕赵不仅仅是一个企业，而且还是一种精神，一种代表着贡献成就的精神。燕赵驾校创始人邢海燕从事驾培 20 多年，从一名驾校校长到如今的中国新驾培领航者，一路走来，算得上驾培行业的前辈级人物。

我曾经有半年时间，每周都和燕赵的伙伴贴身奋战，明白了燕赵人能引领这个行业的原因：邢海燕和燕赵团队活出了源头精神。在晨会嘹亮的号声和整齐的步伐中，我一次次去体会燕赵精神，每次凝视"培育中国好司机，贡献社会正能量"这十四个字时，我都感慨万分。后来才知道，燕赵连续多年把利润全部投入团队建设、企业变革，投入行业的重塑中。这是我知道的对驾培行业最有情怀，也是最热爱驾培行业的驾培团队了。

之所以有如此感慨，是因为这几年我亲眼看见燕赵为这个行业的付出。为了让行业变好，邢海燕带领燕赵团队倾其所有精力，为行业做着一件事：让每一个人，走时要比来时好。

不管是员工，还是参观交流的驾培同仁，燕赵人都秉承"走时要比来时好"这一信条去做事。这不仅仅是一种赋能，更是一种贡献、成就的精神。

这种精神，有人说是利他精神，有人说是大爱精神，我觉得这是一种"贡献自己，成就他人"的信仰。在邢海燕身上，在燕赵团队身上，你随时都能感受到她和燕赵人的这种信仰。这种精神，不仅撑起了驾培行业理念的变革，而且正在引领驾培行业的继续创新。

我们驾校一点通在燕赵的影响下，开始做团建、开始做企业文化，同时开始探寻自己的使命。所有一点通人坚守着"走时要比来时好"的信念，和燕赵一起做了诸多"贡献自己，成就他人"的具体行动。这里面包括对同事的影响，对客户的赋能，对行业的贡献，每一件事都颇具意义，都令我们深感自豪。我们深切感受到了一个企业在给行业赋能的同时，是可以做到既能赢得客户，又能得到客户的尊重。

在燕赵，我感受最深的是燕赵人用生命影响生命、用信仰激发信仰的那种力量。这种力量影响了学员，影响了我们驾校一点通团队，也影响了整个中国驾培行业。

我觉得燕赵的理念，不仅可以经营企业，而且在经营自己的人生时也一样适用。邢海燕的"意向百分百，方法无穷尽"思维，就是每一个人做事业百战百胜的"屠龙刀"。而"以身作则，言行合一"的领导力法则，可以让自己的领导力天下无敌。

以前从事驾培行业的人从不谈使命和责任，自从邢海燕石破天惊地提出"培育中国好司机，贡献社会正能量"的中国驾培使命后，中国驾培行业开始变得不一样了，开始从以"考证"为主的行业，走向以"让学员安全出行"为己任，有担当、有使命的行业。

这在中国驾培发展史上，是绝无仅有的一次理念上的变革。当驾培成为一个有担当有责任的行业时，势必会改变大众几十年来的认知，将让驾培从一个百姓吐槽"暴发户"的行业，走向一个深受人们尊敬的行业。这一点，邢海燕已经带领燕赵做到了。如今她和燕赵人，正引领着整个行业迈向新征程。他们现在全力以赴做的事情，正如燕赵人每天晨会的宣誓：从我做起，让中国的交通开始改变。

邢海燕和燕赵驾校，将成为中国驾培史上无法绕开的名字，燕赵人重新定义了中国驾培精神，这种精神激励着无数驾培人砥砺前行。

在邢海燕和燕赵人身上，我们看到：一种信仰照亮了一个行业，一种精神撑起了一个行业。

序三

力量的源泉

邢海燕

　　中国驾培行业和整个社会给予燕赵驾校和我很多褒奖，每每看到各界的赞誉，我都感觉燕赵驾校才刚刚开始，需要更努力地奋发图强。

　　燕赵驾校是从一个很普通的企业走过来的，我从事驾培行业20多年了，现在想想，从毕业到现在一直在驾培行业耕耘，这些年几乎经历了驾培行业经历的所有。所有驾校的经历燕赵驾校也都经历过，所有驾校可能犯的错，燕赵驾校也犯过。不同的是，燕赵驾校成了变革者。

　　我从最初在其他驾校打工，到成为驾校的管理人员，再到承包驾校，直到后来创立燕赵驾校品牌，肩负起驾培使命。这些年，我从没离开驾培行业一天，企业也没做过多元化，我感觉我这一生就是为驾培而生。

最开始，我也是为了获取更大的利润而经营驾校。我们的变革大概是从 2013 年开始的，那个时候，我觉得不能再这样浑浑噩噩地只是为了挣钱而活着了。我感觉燕赵驾校是幸运的，因为在错误还没把我们毁灭的时候，我们先行觉醒了。觉醒以后，我们就开始思考：人活这一辈子，应该为团队、为行业、为中国交通，也为自己本该有意义的人生做点什么！所以便有了今天的燕赵驾校。

燕赵驾校的故事其实也很普通，都是发生在普通教练和学员身上的故事，这些普通的故事之所以被传颂或让人回味，是因为这些故事激发了人心中最宝贵的那个东西：爱！

就像我坚信每个驾校校长都有"培育中国好司机，贡献社会正能量"的使命，我也坚信每个人心中都有一份爱，且都愿意贡献这份爱，让这份爱流淌下去。大家都说是我让这个行业有了使命，其实这份使命，它本来就在那里，我所做的，只是让大家看到了。所以我非常感恩你们能让我打开你们的心门，让我们一起给那颗使命的种子浇水、施肥，并守护它茁壮成长。

每年有上千家驾校组织人员来燕赵驾校参观学习，学习燕赵驾校的理念。其实燕赵驾校的理念非常简单，简单到半句话就说完了，燕赵驾校的理念就是在使命引导下"贡献自己，成就他人"，这八个字是燕赵人的日常所做所行遵循的原则。

燕赵驾校在培训、服务和招生方面，都取得了在同仁看来非常不错的成就。这都是团队在使命的指引下，找到了内在驱动力，驱使他们不断地自我学习、改变、提升和创造。

站在今天的角度往回看，要想真的从燕赵驾校身上学到什么东西，那我想说，燕赵驾校的改变比燕赵驾校的成就更重要，燕赵驾校的笃定信念比燕赵驾校的管理方法和招生技巧更重要。

我经常和小伙伴们说一句话：要敢于玩大游戏。

我说的大游戏不是做大企业规模，而是要敢于突破自己的天花板，敢于把不可能变成可能。就像有些教练已经成为桃李满园的金牌教练，有些刚毕业的学生已经成为优秀的讲师，有些基层教练已经成为带领 100 人团队的校长，这些都是捅破自己的天花板后，带来的可能。员工的成长是我最喜闻乐见的事情，也是让我值得炫耀的。员工们的每一次成长，会给我带来莫大的自豪感。

燕赵驾校现在的成绩被很多同仁所羡慕，但这些成绩不是因为我们的团队多会宣传、多会算账、多会节约、多会招生、多会教学（虽然小伙伴们这方面做得也很好），而是因为我们有一个坚定的信念：我们要干"培育中国好司机，贡献社会正能量"这件事，干定了。正是这个信念指导着我们进行了一次又一次、一轮又一轮的变革和提升。而这，也是我和燕赵驾校同仁前进的动力、源泉。

燕赵驾校在发展的过程中，也遇到过各种坎坷和挫折，但经历过各种事情后，我才明白做驾校最难的，不是没有钱、不是没有生源、不是合格率上不去，而是没有方向！一旦有了方向，所有的困难都不再是困难。现在燕赵驾校找到了自己的方向，这个方向就是我们的驾培使命——"培育中国好司机，贡献社会正能量"，这也是我们的承诺。在这个方向的指引下，我们去做更多"贡献自己，成就他人"的事，其实就是在兑现自己的诺言。

我一直把教练视作"师者"，把驾校视为"教育"。过去因为这个行业的各种问题，导致很多人把驾校老板当作个体户、暴发户，其实这个行业完全可以凭着自己的本事赢得社会尊重。燕赵驾校的小伙伴们经常讲他们被人尊重的故事，有些故事让人潸然泪下，有些故事彰显出一种力量，而这种力量就是爱和奉献。

让我们一起，把爱洒向人间，让爱流淌起来……

前言

点亮驾培世界

安道利

如果驾校一诞生就是市场化竞争，现在的驾培行业发展会怎样？

这个问题也许永远没有标准答案。

不过，每个驾校老板都在用行动回答着这个问题，都在用自己的力量带领驾校走向不同的结局。

驾校的市场化竞争是近些年才刚刚开始的，真正的品牌驾校也是近些年才开始成长起来的，其中，有的品牌驾校已经具备规模，并且形成了广泛且深远的影响力。而这些破浪前行的先行者就越发在后来者眼中闪耀着光芒，点亮起整个驾培世界。

今天，我要讲的是有名的河北燕赵驾校，它被称为驾培行业的航灯，整个驾培行业盛传着燕赵驾校的

传奇故事，我想去探寻那些筚路蓝缕、创业维艰的往事，这本书便因此
诞生……

为什么燕赵驾校被称为驾培行业的航灯

驾培行业是一个特殊行业，经过了数轮市场化洗涤及政策改革，从政
策化时期的光芒万丈到市场化年代的万帆竞发，整个行业开始出现分化，
且分化越来越严重。比如蜂拥而上的互联网驾校，一批批倒下，只剩下无
人收拾的一地鸡毛；红火一时的区域驾校联盟，联合时信誓旦旦，最终也
以七零八落而告终；训考一体的硬件升级再投资和承包给教练的大撒把模
式，最终也都彻底失败……

市场化之后，很多驾校的经营状况大幅滑坡，甚至关停。大浪淘洗过
后，谁在裸泳，也都看得分明，鲜有驾校能变革成功。整个驾培行业急需
转型，驾培从业者极度迷茫，大家都在寻找出路。

万物皆有裂痕，那是光进来的地方。此时，驾培行业的第一束光悄悄
照了进来——中国驾培行业出现了一个名字"燕赵驾校"，它率先喊出了
"培育中国好司机，贡献社会正能量"的口号，全国两万多所驾校突然眼前
一亮，看见了一条自己从未走过的路。燕赵驾校的口号让它们醍醐灌顶。

燕赵驾校的创始人邢海燕女士是一个喜欢做梦的人，还喜欢多管"闲
事"。她梦想着改变中国驾培，甚至改变中国交通。她要把每一所驾校、每
一个驾培人培养成一束束光，聚合成炽烈的太阳，散发更多的光热。

如果以前听到她说这些话，一定觉得她在说大话。但是如今的燕赵驾
校已经成了全国上千所驾校口中的航灯，培养了很多驾培人才，很多驾校老
板纷纷来燕赵驾校取经，几乎每天都有驾校访问团来燕赵驾校参观学习。

我问邢海燕："你是怎么把一所所驾校、一个个驾培人变成一束束光的？"

邢海燕说："不是变成！他们本就是驾培行业的一束束光，我只是一个点燃者，点燃他们心中的那束光……"是的，她擅长激发人的源动力，她相信每个人都拥有无尽的潜能。事实也证明，人们都热衷于被她激发，被她点燃。

到底是什么力量吸引着他们呢？

力量来自哪里

写下这个题目时，我突然想起邢海燕说过的一件往事。

很多年前的一天，她去幼儿园接孩子，和所有家长一样，在校门外等着孩子出来。突然，旁边的两个女士不知因为什么琐事吵了起来，声音越来越大，直到要撕扯起来。其中一个气急败坏地打了一通电话，让老公带人过来。另一个见状也不甘于下风，开始叫帮手。

第一个女士把老公叫来了，还带着一群帮手，老公竟然是拿着刀下车的……现场几乎都是女性家长，哪见过这种阵势，纷纷避之唯恐不及。没想到，邢海燕一个箭步冲上去抱住那个拿刀的陌生男人，大声喊道："她是女人，你怎么和女人一般见识？大家都在这接孩子，也没打起来，就是吵吵了两句。谁还不拌两句嘴。你赶紧走吧，孩子们一会儿就出来了，别吓着孩子了……"

虽然成功化解了一场无法预料结果的打斗，但是事后，邢海燕还是挺后怕的："虽然后怕，但是不后悔！"

听到这个经历的时候，我当时就寻思：邢海燕的这股力量在经营驾校时也体现得淋漓尽致，她的这种力量到底来自哪里呢？

现在我终于想明白了：是"正气"，做人要正气，做企业同样要有正气！

燕赵驾校有个网红打卡墙，墙上有 14 个字："培育中国好司机，贡献社会正能量。"这 14 个字就是浩然正气的体现。现如今，不管你走到全国哪所驾校，几乎都能到看到这 14 个字。这 14 个字是燕赵驾校率先提出的理念，现在正被其他驾校不约而同地执行。燕赵驾校因此被行业称为"中国驾培使命发源地"，邢海燕也被称为"中国驾培使命发起人"。鲁迅先生说，世界上本没有路，走的人多了，也便成了路。越来越多的驾校跟随燕赵驾校的脚步走出了一条崭新的驾培之路。

邢海燕对使命的解析

我喜欢写东西，从事驾培行业 16 年，出版了不少作品，我也曾经幻想着写出一句话，这句话能成为驾培行业里程碑式的标语。"培育中国好司机，贡献社会正能量"就是我寻觅很久的那句话，可惜的是，它不是出自我的笔下。

其实乍一看，这 14 个字并没有什么特别，但是其中却蕴藏着无穷的力量和宏大的使命。

我问邢海燕到底什么是使命时，她解析道："使命，就是如何使用自己的命，一个真正有使命的人会把使命看得比自己的生命还重要！当出现各种失败、挫折、困难时，当使命和自己的利益发生冲突时，你是否还能朝着目标走？是否还能看到自己的使命？这就是真正考验你的时候。"

邢海燕对使命的执行力体现在敬业上，她的敬业程度令人难以企及。如果认定了一件事，她能从早上 7 点一直和你讨论到夜里 11 点，直到所有人都把这件事弄透为止。每当有驾校校长抱怨自己总是要到晚上七八点才下班时，我都会告诉他邢海燕的下班时间是夜里十一点，有时在夜里十一点之后你还会接到她的电话，她会兴奋地和你分享，对学员的服务她又有了新的想法。

她不但是一个"工作狂"，还是一个"梦想家"。她说世界上真的存在"梦想成真"这件事，只要你有 100% 的意愿去寻找可能性，就一定会"梦想成真"。

人人都可以拥有这种力量

我在燕赵驾校的 4 年，看到了无数驾校到访，有年招生 20 万人的大驾校，也有只有 3 个教练的小驾校。很多来访者都是带着迷茫的心态来学习的。有的驾校老板来的时候情绪非常低落，当时甚至都准备退出这个行业了。但是在燕赵驾校考察学习之后，我从他们身上看到了一个非常明显的变化——走时比来时好！

"'走时比来时好'这是我的做人做事原则，我渴望每一个路过我、路过燕赵驾校的人，都能够走时比来时好！"邢海燕如此说道。

"每个人的内心都是美好的，每个人都是追求美好的，每个人都是有使命的！我是被自己的使命激发而受益的人，我渴望更多人被自己的使命激发，让自己的人生更有意义！"

使命本身是一种力量！"相信使命的力量"也是一种力量！这是信仰的力量，人人都可以拥有这种力量！这种力量，很"燕赵"！

现在已经有几十万的燕赵驾校学员、成千上万的驾校老板和燕赵人一起掀起这种力量！这是一种撼动人心的不凡力量！这种力量每天都出现在全国各地的驾校里，汇成了一股股澎湃奔腾的暖流，激荡起一曲奔赴"新驾培"的交响曲。

如果说邢海燕和燕赵驾校在中国驾培史上会留下什么影响，我想，不会是燕赵驾校的专业管理，而一定是燕赵驾校的精神。这种精神给驾培带来力量，给每一个经过燕赵驾校的人带来思考。

现在，让我们一起去瞅瞅这种"很燕赵"的使命力量！

走进燕赵驾校

在石家庄，几乎没有人不知道燕赵驾校，即使很多人没去过，或者在别的驾校学车，也会对燕赵驾校略知一二。

燕赵驾校的位置在中山路上，一说中山路，石家庄人都知道。燕赵驾校在中山路的最东头，从中山路走过一个狭长胡同就能到驾校院子。

你在中山路看到燕赵驾校招牌的那一刻，就有想进去一探究竟的欲望。开始走进胡同的感觉很奇妙，虽然胡同很破旧，但你会有走红毯一样的感觉，既想尽快走进去，又想延长一下那种期待的感觉，感觉前面像是有闪光的舞台在等着你……

到了驾校门口，第一个映入眼帘的一定是那个欢迎过无数学员的

燕赵宝宝

"绿植墙"，绿植墙前曾经是用废旧轮胎做的小蜜蜂，现在改成了一个鲜花拥簇的大提琴，好像在奏乐欢迎每一名学员，这种环保再利用的小景观，在燕赵驾校随处可见。绿植墙两边有两面印有驾校标志的大旗在随风飘扬，犹如挥舞双手，欢迎着每一个学员和来访者。

最显眼的，还是绿植墙前面长着一个大脑袋的燕赵驾校吉祥物——燕赵宝宝，这是一座萌萌的卡通雕塑，可爱的模样惹人喜欢，每个人都想去摸一摸他那醒目的大脑袋和独特的刘海。当然，燕赵宝宝看起来也喜欢每一个人，那双手，看起来既像在给你点赞，又像在喊你去抱抱它。

远远地，你还会看见一个变形金刚"大黄蜂"在迎接你，它有时候还会唱歌，虽然只会唱简单的两句，但你知道它是在欢迎你。在电影里，大黄蜂虽然是一个颇具气场的机器人，但是它有一颗"天使心"。它善良、勇敢、热情，始终相信世界纯真。

燕赵驾校的装饰是满满的橙色，让你一眼就能知道燕赵驾校的企业色。也许你会想到欢快、活泼、温暖、热情，也许你会想到金色的秋天、丰硕的果实，我始终觉得这是一种幸福、快乐、富足的颜色。

邢海燕说："这是一种有温度的颜色，代表着爱！"

我在燕赵驾校"潜伏"了4年，这4年是我深度探索、潜心学习的4年，期间有过无数次感动和成长，现在就让我把在燕赵驾校探寻到的秘密，通过这本书，分享给这个世界吧。

目录
CONTENTS

04 铁军是怎样炼成的 // 049

07　公益路难行 // 123

01

使命的诞生

01 每一个故事都有前传

每一个魅力故事都有续集，每一个精彩故事也都会有前传。

我曾经以为天下的驾校都大同小异，只是规模不同而已。直到认识了邢海燕，才发现燕赵驾校是个例外。我有一个时常萦绕在脑子里的念头：越是了解燕赵驾校，越想了解燕赵驾校！

在燕赵驾校深入学习探索 4 年，我看到了不同的燕赵人在创造着一个又一个奇迹，便更想探寻燕赵驾校这种文化的缘起。

燕赵驾校这种"成就、贡献"的文化，遍及每个燕赵人、每个燕赵驾校的角落。在"成就、贡献"的氛围里，大家都在做一件事情：让爱流淌。每个人都在爱里创造传奇，燕赵驾校即便是在疫情居家办公期间，也创造了月招 3000 人的传奇和培训效率翻一翻的创效奇迹……

无论晴天雨天，无论春夏秋冬，教练与学员的互动、感动，无时不在，无处不在。

在燕赵驾校待久了，我为一起又一起"生命中的感动"而感动，驾校爱教练，教练爱学员，学员爱驾校，爱在循环。这种爱，像一个五彩斑斓且盛开的花环包围着你，既幸福又荣耀。

每逢毕业季，学员都恋恋不舍，爱将他们与驾校连在一起。这种学员与驾校温馨氛围的产生和 20 多年前邢海燕初出校园时无心插柳柳成荫的驾校打工经历不无关系。

从毕业就在一个行业闯荡，从一个驾校的普通文员到燕赵驾校的创始人，再到中国驾培使命的发起人、中国智慧驾校的探索者，邢海燕已经深耕驾培行业 20 余年。

20 多年的经历，让她成为中国驾培行业少有的"行业前辈"级人物，和她一起从事驾培的人，大部分退休的退休、交班的交班，已经鲜有人继续奋斗了。

让人难以置信的是，还在深耕驾培的邢海燕，不仅没有退出这个行业，她与时俱进的思想甚至让她成为引领中国驾培行业变革的"新锐力量"。

02　初入驾培

1998 年毕业后，邢海燕的人生规划是进入一家政府或企事业单位上班。等待分配期间，她在家人的安排下临时进入了石家庄当地一个驾校实习。

当时，驾校还非常少，并没有市场化，鲜有民营驾校，驾校的日子也非常好过，和机关单位比也差不到哪里去。

初入驾培行业，邢海燕只是一名不懂业务的前台小姑娘，主要负责接待学员、处理档案。工作就是日复一日的重复，并没有什么惊喜和意外，邢海燕当时最大的想法就是做好当下的事，处理好手头的活。

全国驾校放开社会经营是在 2004 年。很多人都没有经历过当时的驾校，所以都对邢海燕的经历十分好奇："你从前台小姑娘成长为中国驾培使命发起人，那你人生中的第一份工作是什么样的状态啊？"

邢海燕笑道："没有什么特别的地方，虽不是机关单位，但是因为市场垄断，加上是外资企业，资源自然也有很多。我每天就是接待学员，整理档案，然后打扫卫生。办公室的卫生我都打扫，不管是不是我的桌子或卫生区，我都打扫，别人来之前，我先把每个人的卫生打扫完，再去打水。那时候大家都夸我勤快、机灵，我还挺受用……"

在邢海燕初入驾培行业时，在她还是一个前台人员时，她就具备了"利他"的服务思维：不管是不是我的卫生区，我都打扫了。这种利他思维，和她后来遵循的做人准则"走时比来时好"惊人的相似！

我们经常说历史总是惊人的相似，看来人生的成长也是惊人的相似。从她当时一个小小的打扫卫生事件，我们可以看到她对岗位的热爱和对周边人无私奉献的服务理念。

站在现代的职场角度来看，邢海燕这种行为是一种费力不讨好的行为，别人不一定领情，背地里甚至还要笑话她傻，笑话她蠢。但是我们从结果来看，邢海燕这种发自内心的利他服务理念确实帮助她实现了人生理想。

人所处的位置不同，格局不同，看待事情的方式确实不一样。

每次邢海燕谈起第一份工作经历时，都笑道："没想到一进驾培门，一辈子成了驾培人。我这一实习，20 多年的驾培生涯过去了，邢海燕竟然也从'前台小邢'成长为大家口中的'中国驾培使命发起人'了。"

付出终有回报。

03　艰难的抉择

2010 年，她萌发了开一所属于自己驾校的想法。

说干就干是邢海燕做事的一贯风格。

那一年，燕赵驾校注册成功，邢海燕从此拥有了属于自己的企业和品牌，燕赵之路也就此开启。包括邢海燕在内的所有人都没有想到，8 年以后的燕赵驾校会开创一个新驾培时代。

燕赵驾校品牌成立之初，也和当地所有的驾校一样，采用的是直营加挂靠模式：直营模式好理解，驾校自己管理一切事务；有一部分教练则采用纯挂靠模式，教练只需要一个名额缴纳一定费用即可，具体经营事宜一律教练自理。

这种挂靠模式被很多驾校老板青睐，这是最轻松的一种驾校经营模式，招生不用管、培训不用管、服务不用管，总之啥都不用管，省事、省钱、利润高！

挂靠模式，燕赵驾校用了 3 年，也过了 3 年舒服日子。当时谁也想不到，邢海燕会使出霹雳大招，燕赵驾校突然转向。

挂靠模式，有利有弊，好处是松散的管理模式促成了燕赵驾校业务的扩大，弊端却是驾校教学和服务的不可控。教学服务质量在挂靠教练手里捏着，口碑更是不在驾校掌控范围之内。

驾校品牌的创造途径主要就是教学和服务。这两项不可控，就导致了驾校品牌日益分散，口碑控制不了，驾校根本无法更进一步。

彼时，所有的驾校都活得很滋润，燕赵驾校也不例外。

虽然生意火爆，但邢海燕总觉得这样下去看不到未来，焦虑感油然而生。2013 年的时候，全省压根儿没有驾校采用另外的经营模式，邢海燕也没有地方可以借鉴。在把燕赵驾校带往何方这个问题上，她第一次产生了迷茫。

一边是管理的轻松、利润的保障，一边是品牌需要塑造、口碑需要把控，邢海燕走到了抉择的十字路口。

04 清挂靠，全直营

2013 年，驾校仍然还是卖方市场，驾校和挂靠教练的日子过得都非常滋润，挂靠教练沉浸在市场一片大好的繁荣景象之中，对每一个挂靠教练来说，稳赚不赔。

那天，整个城市天空一片湛蓝，白云在天上自由自在地飘逸，看起来是那么悠然。燕赵驾校院内，教练们重复着和昨天一样的教学，平静无奇；学员和往常一样按部就班地上课练车；树上的鸟儿和往常一样叽叽喳喳地唱歌。

邢海燕坐在校长办公室里，看着窗外一辆辆繁忙的教练车，心事重重：挂靠教练看似和燕赵驾校捆绑在一起，实际上捆绑的那根绳子并没有系紧，大家心里也都明白，永远也系不紧。

这时的她，心里已经盘算了几天的计划又浮现出来：清挂靠，全直营。

如果要把挂靠全部清出去，大部分的招生业务会瞬间归零，教练团队要重新组建，招生队伍要慢慢培养，管理上再也不能轻松悠闲，营业额和利润肯定一滑千里。

要选择清理挂靠吗？要重整队伍再创业吗？要从头开始建立品牌吗？要在全市、全省开这个头吗？要去探索一条没人走过的路吗？……

一连串的问题问过自己之后，邢海燕理清了思路：清挂靠，短期内会损失很多生源和利润，但是长远来看，如果用心去做，教学服务自己把控后，学员的体验感一定能大幅提升，口碑一定会得到积累。

她在内心中摁下了决定的按钮：清！彻底清除挂靠！

做完这个决定后，邢海燕心里无比轻松又异常笃定。轻松的是，终于可以无拘无束地去追求自己做品牌驾校的梦想，笃定的是全直营这条路一定要成功，也一定会成功！

全国稀缺的全直营驾校就这样诞生了，新驾培也就此开始萌芽。

清挂靠并没有想象的那么顺利。

突如其来的通知，让挂靠教练突然失去赖以盈利的空间。他们不想脱离燕赵驾校这个稳定、成熟的挂靠平台，谁都不甘放手已经习以为常的可观收入。但心意已决的邢海燕，顾不得在"脱钩"事情上过多纠缠，浪费时间。

一些教练看到邢海燕坚定的信念，赶紧交车走人；一部分教练不甘就此失去寄生环境，开始跟驾校争执、交涉；还有的教练嘴上说走，但还是偷偷来练车。

更复杂的事情是安排好学员，这个处理起来比较麻烦，有在训的，有已报名未训的，还有教练已收费但尚未报名的，每一种状况都需要积极处理。

清挂靠带来的各种问题就像疑难杂症一样让人焦躁，乃至崩溃。邢海燕每天心烦不已，但她决心已定：挂靠全部清干净，一个不留。她的一贯作风：既然变革，就要猛烈，就要彻底！当前遭遇的所有困难都只是暂时的变革阵痛，咬咬牙就能挺过去！

05　变革成果初现

时代的创新总是在变革中前进。

变革的力量，不但摧枯拉朽，而且还破旧立新。这股力量不管你看不看得见，它都在悄无声息地进行着。就像黄河一样，看起来水面平静，其实它一直奔涌向前，从未停止。

时光荏苒，岁月如梭，燕赵驾校实现全直营的三个春秋，表面上看起来波澜不惊。这3年燕赵驾校更多地把精力投在了团队建设和教学服务上。没有投入宣传，也没投入招生，一门心思练内功，全身心做品牌文化的沉淀，帮助员工成长。

3年的砥砺奋进和沉淀积累，让默默发展的燕赵驾校在不知不觉中成为市区凤毛麟角的全直营驾校。2016年，燕赵驾校已经初具品牌优势，拥有了100名全直营教练的队伍。

3年的努力与奋斗初见成效，邢海燕带领燕赵驾校开始探寻另一条光芒四射的发展之路。

06　使命的诞生

2013年，当所有驾校都因为挂靠教练能带来可观利润而沾沾自喜时，燕赵驾校却把挂靠教练都给清除了，如秋风扫落叶般决绝。

2016年更是燕赵驾校发展历程上一个里程碑式的节点。

当所有驾校都在探讨如何考得快、如何多招生时，邢海燕则没有把精力放在考试和招生上。因为有一件事情一直在她心里悬而未决：燕赵驾校究竟要走向哪里？

邢海燕为自己、为驾校定下行为准则：培育中国好司机，用行动激发正能量，贡献社会，做一家有社会责任感的企业！她突然萌发一个念头：我要向全社会宣告，要向全行业宣告，要让中国驾培行业都成为这样的企业。这样一来中国的交通岂不是就会变得越来越好？

邢海燕的内心汹涌澎湃：一直没人来做引领行业这件事情，那就由我来做！

干！马上就干！

自从有了行为准则，无论事务大小，邢海燕都严格要求团队按照"中国好司机"的标准做教学，亲自用行动激发团队，带领团队激发正能量，服务学员，贡献社会。

有一段时间，邢海燕开始审视这条准则，她在思考如何让准则更精炼、更升华，成为一个不但人人能践行，还能朗朗上口的使命？

一字一字，反复斟酌，"培育中国好司机，贡献社会正能量"这句话应运而生。2016 年，在中国驾培史上是值得纪念的一年，这一年，中国驾培使命诞生了。两年后，这一使命的火种传遍了大江南北。

我多次尝试闭上眼睛，去想象这一使命淬炼的过程。当时参与的每一个人一定都是像邢海燕一样有梦想的人，怀揣着对驾培的憧憬，碰撞出了如此震撼心灵的语句。现在再去想象那个场景，依然有一种驾培使命横空出世的激动。

邢海燕说当时她并没有想到，这 14 个字会在短时间内被全国驾校奉为中国驾培使命。斯蒂芬·茨威格的传记名作《人类群星闪耀时》中写过这样一句话：一个生命中最大的幸运，莫过于在他人生中途，即年富力强的时候，发现了自己的使命。

这是一个具有历史意义的时刻——中国驾培使命出现以前，驾培的故事从未如此被人关注，也从未有一个驾校被全国数千驾校同行学习、模仿。如今，每天所发生的这一切，都起源于那 14 个字诞生的一刻。那一时刻，对新时代的中国驾培历史镌刻下不可改变的印记。

令邢海燕自己都没想到的是，因为践行这 14 个字，两年后，她被全国驾培同仁誉为"中国驾培使命发起人"，燕赵驾校也因此成为全国驾校引领者、中国驾培使命发源地，从而被全国驾校络绎不绝地参观学习。

　　"培育中国好司机，贡献社会正能量"这一使命，诞生于燕赵驾校，光大于驾培行业。2016 年被业内人士称为"中国驾培使命元年"。

02

萌芽与成长

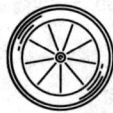

01　燕赵大讲堂

为了真正地把"培育中国好司机"放在第一位，让每一个从燕赵驾校走出去的学员都能学有所成，在收获"开开心心学开车、顺顺利利考驾照"外，还能收获更重要的安全意识，邢海燕决定开设以"讲解交通安全意识"为主要内容的"燕赵大讲堂"。

燕赵大讲堂每周固定开课，面向所有学员和社会人士免费开放，所讲内容不但对考试有用，还能提高大家的安全驾驶意识，所以每次开课都座无虚席。

燕赵大讲堂设置了"科目一理论""考试流程""安全教育与警示""文明交通法制课""自救互救""法律法规常识"等安全驾驶基础课程。

邢海燕说道："这不仅仅是为了培育中国好司机，这更是燕赵人的一颗公益心，是贡献社会正能量。我们不光要服务好每年的一万多名学员，外校学员也可以免费听课。"

燕赵大讲堂成功开设之后，邢海燕觉得仅仅开设课堂授课还不够，安全驾驶培训不能仅仅停留在理论和应试层面，要实用才可以。于是，她安排人员研发实景训练，给开发人员的要求就俩字：实用！开发时一定要遵照"实用、实效、实战"的原则。

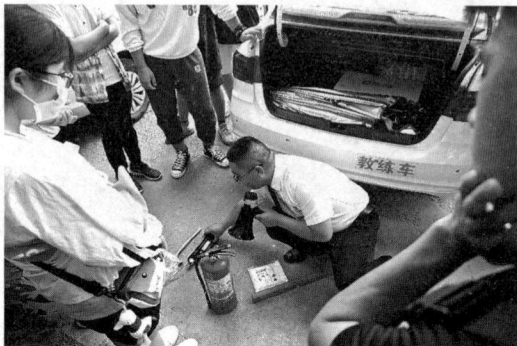

应急车辆处理教学中

实景训练课开发出来后，备受大家欢迎。比如更换轮胎、伤员急救、事故逃生等实战课，学员的参与度都非常高。这种参与感强的课不仅让学员学到了救命的技能，还起到了意想不到的宣传效果：学员在课间纷纷发朋友圈炫耀自己的有趣课程。这促成了很多新的学员报名学车。

课程老师说道："设计课程时，只想着让学员有收获，让学员的交通安全意识扎根发芽，根本没想让学员替我们宣传，看到大家都主动发朋友圈，我们非常高兴，说明这门课大家非常认可。"

02 教学研究院

为了做好教学，燕赵驾校组建了行业独创的教学研究院，聘请了国内知名教授、专家担任顾问，把全校教学经验最丰富的老师调过来担任培育新教练的教学工作。

教学研究院开发了一系列"新学员教学课程""新教练教学课程""实操教学课程"等专业课程课件。这些课程不仅对燕赵教学有促进作用，当全国驾校蜂拥而至来学习时，很多驾校都取走了这些"经书"，回去后就应用到了自己的驾校。

经常有人问邢海燕："自己驾校花费大量人力物力财力开发的课程课件为什么免费给其他驾校用呢？"

邢海燕总是笑着说："看到我们开发的课程课件被行业同仁使用，我心里非常高兴。我们的付出被人加以运用是对我们成果的认可，是我们价值的体现，也是我们对行业做了贡献！'培育中国好司机，贡献社会正能量'，我们的使命在这里，免费分享燕赵驾校研究成果不也是在践行使命吗，我们要尽力为中国驾培事业贡献自己的微薄之力。"

03　练好基本功

邢海燕给燕赵驾校的教学任务定下了一个核心要求：练好基本功。

为了更好地实现这一要求，燕赵驾校在教学模式上，从原来的应试教学转变为"应试 + 实战"双模式教学，两个模块分开，不同的老师在不同的时间段教不同模块。

"学好第一课，练好基本功"这是燕赵驾校始终给所有学员和教练灌输的基本教学思想。燕赵驾校的新员工在做入职培训时就要接受这样的理念：一个好教练的基本功，就是让学员练好基本功！

邢海燕时常叮嘱授课老师："学员如果练好基本功，不光考试合格率高，也是受用一辈子的功德。扎实的驾驶技能加上安全驾驶意识，

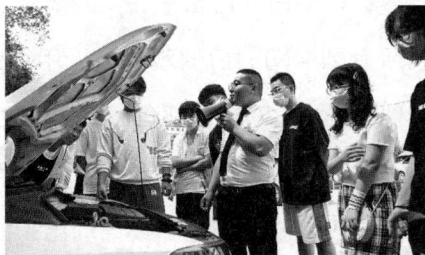
教练正在讲授车辆引擎基础知识

是安全出行的保障。一个真正负责任的驾校一定'重基础轻技巧''重技能轻应试'。"

驾培是一个人命关天的行业，要么你是从车轮下往外救人，要么你就是把人推向车轮！

04　燕赵成长大学

燕赵成长大学的成立是燕赵驾校发展史上标志性的一笔。

在燕赵驾校转型之初，邢海燕首先计划的是打造团队，战略要求有两点：

（1）调动员工意愿度；

（2）建立员工培育体系。

于是，邢海燕决定成立"燕赵成长大学"，通过成长大学为员工赋能、为行业赋能。

燕赵成长大学的课程主要有三个模块：新员工培训、老员工再培训、中高层执行力培训。

中国驾培行业没有哪个驾校成立过专门的员工培训机构，很多驾校老板十分诧异："邢总投资这么多培养员工，培育好了，员工走了怎么办？"

邢海燕说道："我们不能仅仅局限在培育中国好司机上，还要培育中国好教练，哪怕培育出来后，他离开了，但是他学到的知识、技能、思维以及所受到熏陶的价值观，会受用终生，无论他走到哪里、从事什么行业，对他的发展、对社会都有裨益，这也是贡献正能量。"

她笑称："如果真有一天，中国驾培行业的从业者大部分都是从燕赵驾校走出去、都是燕赵驾校培训出来的，那我真是太开心了！但我们还是会通过高薪、高福利、个人成长及实现自我价值等方式来留人。其实燕赵驾校有信心留下好的员工，育人留人就一句话：尽量拼了命地培育他强大到足以离开，然后对他好到让他不愿离开。"

很多人有一个疑惑：燕赵成长大学为什么只有一些员工培训，而没有管理层的领导力培训？

其实领导力培训是由邢海燕亲自抓的，她说道："领导力培训的关键是人的思想建设，主要是调动人的意愿度，意愿度有了，完成目标的方法他自己就能找到。这可是无法从课程中学来的。"邢海燕每次培训必讲一句话："意向百分百，方法无穷尽！"

那么成长大学具体教些什么呢？

成长大学设有企业文化、礼仪、业务、教学、制度等课程内容。

有考察的同行这么问成长大学负责人："这些培训模块，哪个最重要？"

成长大学的人告诉我们："如果说最重要的，要数企业文化了。企业文化培训是我们的重中之重。燕赵驾校团队建设、培训、招生等业绩，都是靠文化驱动的。"

按照常识来说，新员工应该多培训业务，教练应该多培训教学。但是如果你参与过燕赵驾校的新人培训，你会发现燕赵驾校的方式并不一样：新人最先要满足企业文化的高标准要求。只要企业文化的高标准做到了，行为规范那些就水到渠成了。

为了保证培训效果，成长大学结业后，毕业学员要接受"双考核"。

以教练为例，除了接受成长大学的"结业考核"，还要接受训练部校长组织的"入职考核"。如果入职考核合格即办理入职手续，分配入队，开始实习生涯，由队长、分校长开始带教新人环节；如果入职考核不过关，是无法入职教练岗位的，他们会被"退回"成长大学。

燕赵驾校发明的这种双考核制度称为"流程监督机制"，不单是对学员的考核，还是对成长大学培训结果的一种"检视"。即时检视，会让成长大学不敢懈怠。入职考核不合格，更会让成长大学脸上挂不住。这就倒逼成长大学不停地提高培训质量。

此外，燕赵成长大学在培训环节之前，对新人招聘也是非常严格的，从年龄的要求就可见一斑：新招教练年龄必须在 38 岁以下。燕赵驾校之所以要把新招教练的年龄定在 38 岁以下，是因为现在学车一族都是年轻人，大部分都在 18—25 岁之间。38 岁以下的教练能更好地服务学员，能与学员有共同语言，能给学员提供一个开心愉悦的学车空间。

05　突如其来的邀请

2018 年 5 月，天气刚开始升温，燕赵驾校院内忙得热火朝天。

邢海燕突然接到了一个邀请，邀请者是中国交通运输协会驾校联合会秘书长，联合会对燕赵驾校的教学服务赞不绝口，随后发出了一个邀请："中国交通运输协会要在月底举办全国驾培年会，希望你能出席年会并作为主讲嘉宾，给全国驾培同仁讲讲驾培使命。"

这个突如其来的邀请让邢海燕有些措手不及，这几年她一直在潜心研究教学与服务，从未露面过，而且她觉得燕赵驾校只是刚刚做出了一些成绩，燕赵驾校提出的使命也只是"干的路上"，还远没有干成。

联合会的人员说道："大家都关注你们驾校很久了，你们率先在行业提出了驾校使命，这是我们这个行业前所未有的事情，我们衷心希望你能把关于使命的真知灼见与全国同仁分享。"在联合会人员的劝说下，邢海燕答应了。在驾校内部，她演讲时毫无畏惧，激情澎湃，但是让她去千人大会演讲，她觉得自己还没准备好。

06　你好，成都

直到出发前，邢海燕心里都还是忐忑的。她跟随行人员说道："要不跟组委会说说，咱不讲了吧？"她总觉得自己做得还不够好，还没真正实现"培育中国好司机，贡献社会正能量"的使命，实在没有资格去讲什么。

随后，一个念头突然占据了她的脑海："培育中国好司机，贡献社会正能量"那是你的梦想，你的目标，你的方向！你要把这个使命和信念传递给更多人。你如此忐忑，只是在乎自己的表现和形象，根本不是在乎中国驾培。如果你真的在乎中国驾培事业，你就把自己那股劲头展示给大家就好了。至于你自己的表现和形象还重要吗？为了中国驾培、为了中国交通，你要点燃全国驾培的星星之火。天天说要为行业负责、为行业担当，如果放弃这次机会，以后就没有机会了。不要再犹豫了，干吧！

带着驾培人对行业的憧憬，带着中国驾培的梦想，带着驾培使命的火种，邢海燕来到成都，走上了"第四届全国驾培市场创新发展大会暨驾校联合会年会"的讲台。

"第四届全国驾培市场创新发展大会暨驾校联合会年会"是至今为止参会人员最多的一次行业大会，1000多人的会场座无虚席，邢海燕在全国驾培同仁面前发表了名为"驾培人的使命与责任"的主题演讲。

上台前，邢海燕已经准备好放弃自己，那一刻，她不再是燕赵驾校董事长，而是化成了一束光，她要去照亮现场每个人的心灵，又像是一团熊熊燃烧的烈火，她要去点燃每个人心中的火苗。

她分享了发生在燕赵驾校的感人故事、燕赵驾校的办校理念；驾培发展、理念为先，理念决定驾培行业发展的方向；驾校有责任培养驾驶员的技术和安全意识，改善交通环境，有责任让学员尊重安全，尊重生命，从而通过他影响家庭，影响城市，乃至影响整个社会；驾培行业是一个关乎

邢海燕在"第四届全国驾培市场创新发展大会暨驾校联合会年会"上演讲

人们生命安全的行业，驾培人必须具备强烈的责任感和使命感，回归驾培本源，关注生命安全。

从学员到行业，从行业到社会，从社会到国家，邢海燕的现场说法，让每个人意识到：驾培人是为驾校而生，为行业而生，更是为中国交通而生！选择了这个行业，肩上就挑起了和生命有关的千斤重担！

邢海燕短暂的演讲激起了与会同仁强烈的共鸣，感动了现场每一个人。这场演讲唤醒了无数驾培人的初心，点燃了驾培人尊重生命、贡献社会的火种，演讲多次被热烈的掌声打断。

2018年5月25日，那是中国驾培行业数千位老板彻夜难眠、铭记入心的日子。这种刻骨铭心的记忆，不是因为他们自己驾校发生什么事，而是因为自己听了那场30分钟的演讲，从而对自己的企业、对行业有了新的认识。很多迷茫多年的驾校校长在激动、兴奋中看到了企业发展的方向，看到了行业前进的路标，也明白了自己企业存在的终极意义。

这个被中国驾培人永远铭记的"第四届全国驾培市场创新发展大会暨驾校联合会年会"成了驾培年会史上规模最大的一次年会，后来因各种原因，再也没有举办过那么大规模的年会。当天，整个中国驾培圈都被刷屏了，邢海燕30分钟的演讲，对中国驾培的发展历程带来了深远的影响，直到 5 年后的今天，她的那场演讲仍然时常被人提起。

邢海燕在千人会场上的 30 分钟演讲，振聋发聩，把"培育中国好司机，贡献社会正能量"的使命种在了全国驾培人的心里。

演讲完毕后，参会人员把邢海燕围得水泄不通，和她合影留念，现场索要联系方式，预约去驾校参观，很多人甚至称呼她为"驾培女神"……

"驾培女神"邢海燕点燃了中国驾培使命的星星之火，将火种撒向大江南北。从这一天起，中国驾培使命破土而出，星火燎原之势不可阻挡。

也就是那一次年会之后，燕赵驾校开启了每年接待上千所驾校参观学习的请求，尤其是 2018 年年底出现了一次性接待 600 家驾校的壮观景象。

07　星火燎原

自邢海燕成都演讲之后，燕赵驾校已然成为全国驾培老板的打卡地。燕赵驾校不是全国规模最大的驾校，也不是招生数量最多的驾校，但绝对是被参观学习次数最多的驾校。

中国驾培使命由燕赵驾校率先喊出，逐渐被全国驾校植入并践行。现在到全国任何一家驾校转一圈，你会发现，驾校各有不同，使命绝对统一！几乎每个驾校都做了自己的使命墙，都视"培育中国好司机，贡献社会正能量"为自己的使命。

一名驾校老板在参观时说道："我们来燕赵驾校参观学习是一件非常有意义的事情。"

我有一个问题向他求证："我看你们自己也做了使命墙，也已经在践行'培育中国好司机，贡献社会正能量'的使命，但在这之前，你们还没来燕赵驾校学习，是什么原因促使你们开始行动的？"

他是这样回答我的："我没听过邢总演讲，之前也没来过燕赵驾校，我对燕赵驾校、对邢总的了解也很少，但是燕赵驾校的公众号、视频号发布的内容，我每期都学习，就凭我的所听所学以及很有限的了解，我就认定燕赵驾校走的路就是驾培将来的路。邢总提出的中国驾培使命，就是我要做的事情。我已经被她感染了，也可以说是被她点燃了吧！其实我也不知道因为啥被点燃了，我觉得就得这样干，这样干才有意义！没有中国驾培使命，干的还有啥意义？现在哪个驾校要是没有植入'培育中国好司机，贡献社会正能量'这一使命，还好意思说自己是干驾校的？"

2018 年"第四届全国驾培市场创新发展大会暨驾校联合会年会"之后，全国的驾校开始蜂拥至燕赵驾校参观学习，全年络绎不绝。有的驾校全体出动到燕赵驾校学习；有的区域驾校组团学习，少的三五家驾校组团，多的有二三十家驾校组团，最多的一次是 600 家驾校一起到燕赵驾校参观学习。每次有来参观的驾校，邢海燕都安排负责接待的校长："一定要知无不言，言无不尽，把燕赵驾校的东西和盘托出，不要有保留，同时也要虚心向兄弟驾校学习。每个驾校都有值得学习的地方，我也想学习他们做得好的地方，这样才能够让燕赵驾校也有所提升。我们要珍惜每一次相互学习、相互提升的机会。"

其中有一所驾校当时是由我陪同参观的，给我留下了深刻印象。那位驾校校长带着非常虔诚的心来学习，当地驾校竞争激烈，价格战打得异常凶猛。"这次来看看燕赵驾校怎么经营的，如果还有希望，回去就继续干，如果没希望，回去就不干了！"他的驾校困难到这个地步了，着实令人着急。没想到，他接下来说的话令我更加吃惊："这是我们驾校的全体员工，就我们 3 个人……"这俩教练已经是他们驾校仅有的教练了。燕赵驾校接待的驾校有年招生 20 万人的大驾培集团，也有招生一两万人的当地龙头驾校，也有年招生几千人的小型驾校，但碰到如此之小的驾校，还是第一次，估计它得是全国人数最少的驾校了。

座谈交流时，邢海燕并没问及驾校规模相关的问题，也没有因为规模小而区别对待。相反，她对这个只有 3 人团队的驾校的激发、沟通，做得更深入人心。结束学习后，驾校的 3 个人找到了自己的人生使命，摩拳擦掌，准备回去大干一场，立志要把驾校做成当地价值最高、服务最好的驾校。我后来听说这个驾校回去没多久就扩容了，真的做了起来！

但凡来燕赵驾校参观学习的驾校，回去后都会进行变革，经过几年的笃定践行，他们中很多驾校成了当地的佼佼者。

08　裂变

燕赵驾校驾培使命的孕育和传播过程，概括来说，分为三个阶段：一人到一校，一校到一业，一业到一国。

一人到一校。邢海燕说："一开始我只是想让自己的人生更有意义，不至于到自己老了的时候，因为自己的人生没意义而留有遗憾，这才在偶然间诞生了驾培使命。不过这个使命最开始是我自己的准则和目标。后来我发现，这不是我自己的事，我身后还有一百多燕赵驾校家人呢，这个使命，应该和他们一起去完成。让燕赵驾校小伙伴们的人生都变得有意义、有价值！"

一校到一业。"培育中国好司机，贡献社会正能量"的驾培使命在邢海燕心中诞生，并在拥有百人团队的燕赵驾校开始践行。

也是自此之后，邢海燕有了一校到一业的想法。她故意淡化自己"中国驾培使命发起人"这个行业共识，而突出团队的角色，让燕赵驾校作为"中国驾培使命发源地"而被行业认识。

"如果让每个驾校都成为当地的燕赵驾校，每个驾校都成为驾培使命的代言人，'培育中国好司机，贡献社会正能量'不就能实现了吗？"邢海燕如是说。

"中国的驾驶员都是从全国两万家驾校走出去的，如果我们整个驾培行业都是培育好司机的摇篮，都是贡献正能量的源头，那我们整个行业是多大的功德啊！全国原来每年新增三千万新学员，现在虽然少了一些，每年新增也有两千多万人。两千多万人背后就是两千多万个家庭，一人出事故，可能一个家就完了。我们这个行业看起来只是帮学员考个驾照，其实我们是在守护全国的每个家庭。"

一业到一国。到达这一步之后，整个驾培行业就真正做到了对国家的影响和贡献。不过，这是一个理论状态，路漫漫其修远兮，任重道远。

如今，在中国驾培使命的激发下，全国驾校已经行动起来了，越来越多的驾校开始从"办证思维"向"教育思维"转变，从"应试模式"向"安全出行模式"迈进。驾培开始回归培训的本源。邢海燕的梦想正在逐步实现，正如燕赵驾校的愿景所说：让驾培回到培训的本源，让驾培人的生命更有意义，让中国的交通开始改变。

03

大変革

01 转心转念转世界

燕赵驾校有一句话流传已久："转心转念转世界"，这是邢海燕的"心法"。每当管理层遇到卡点时，她就会用这个理念去转念，最后推动目标达成。这是我在燕赵驾校 4 年时间中体会比较深的。

邢海燕说："出现问题不可怕，发展就是解决问题的过程。每解决一个问题，就是发展了一步。解决一个小问题，就发展了一小步；解决一个大问题，就发展了一大步！"凭借这个理念，她带领燕赵驾校实现一次次成功的变革和转型。她说："燕赵驾校的成功，就成在燕赵人有一个无敌闭环心法'信念—行为—结果'。"

每当有驾校来考察学习时，她总要把这个"心法"毫无保留地分享出来。她给一个驾校校长讲过这样一个案例："我们教练原来人均年招生 30人，后来我们产生了一个信念：实现人均年招生 50 人。我们坚定了这个信念后，团队就去寻找各自的方法，也就产生了各种行为，集所有力量，为目标而战。人均招生 50 人的目标就轻易完成了。这个目标完成时，团队就会产生'突破自己'的信念。然后就产生了突破人均年招生 80 人、100 人甚至 123 人的信念……事实证明，我们最后都成功突破了。结果就是这样来的，当所有的行为都指向结果时，结果就来了，然后结果又会反哺你的信念！这就是转心转念转世界，不光体现在招生上、事业上，我们日常所有的人际关系也都可以运用这种观念去处理，念一变，世界就变了。"

纵观邢海燕的创业历程及燕赵驾校的发展轨迹，就会发现，邢海燕正是运用了这个"转"字"心法"，一次一次的让自己转，让企业转，最后才成了驾培行业的引航者。这种"转"就是理念变革的体现。

02 面对是一种能力

邢海燕经常会说一句话："面对是一种能力！"

每次开会时，燕赵人都会把所有问题摆在桌面上，一起探寻解决之道。每个人都明白，面对是解决问题的唯一办法。

关于面对，邢海燕的理论是：无论好事坏事，我们都要迎面直上。好事，面对，总结经验；坏事，面对，总结教训！

在这种"面对"的理念下，出现的种种问题都会迎刃而解。每天召开的"问题扒皮会"就是在这种理念下应运而生的。

例如：出现了合格率问题，面对！总结合格率高的教练都做了啥？总结出来经验后进行有效推广；总结合格率低的教练少做了啥？总结出来需要提升的，进行改进。

关于面对，邢海燕有一个底层逻辑，就是我们得认！"一个事出来了，首先我们得认,然后才能改进。不认则永远改不了,不认就是'假面对'。"有一次开会时,邢海燕说一个教练合格率低,让他找原因。教练说了很多理由:学员紧张、天气原因、考试车不好用、当时练得挺好一进考场就不行了……

邢海燕说道:"这不叫面对,叫逃避。你说学员紧张,每个学员都紧张。我们要做的就是要让学员不紧张,或者紧张了怎么能考过,这才叫面对!还有天气原因,下雨了影响考试,我们就得教会学员下雨了怎么才能考过,难道下雨天就不开车了吗?这才叫面对!"当一个人后退、逃避、绕弯子、不敢面对的时候,邢海燕是绝对不会放水的,她会把他推到墙角,教练没有可退之处,自然就会面对了。她说:"后退、逃避、绕弯子不但问题解决不了,而且还会离解决问题越来越远,越来越绕,面对才是解决问题最近的路。而且面对是一种力量,当你敢于面对时,你将会越来越有力量。"

她说:"面对,是一个'看到一认一改进'的过程,面对的问题越多,改进的问题就越多。当改进的问题多了,自然就提升了。这是我自己总结的一个'心法',也是这么多年来带团队的'心法'。"

03 第一性原理

早在 2300 年前,古希腊著名思想家亚里士多德就提出了"第一性原理":每个系统中存在一个最基本的命题或假设,它不能被违背或删除,也不能被违反。

埃隆·马斯克特别推崇"第一性原理",这使得第一性原理在世界范围内被广泛谈及,他曾在 2015 年的一次采访中如此解析:"通过第一性原理,我把事情升华到最根本的真理，然后从最核心处开始推理……我们运用第一性原理，而不是比较思维去思考问题是非常重要的。我们在生活中总是倾向于比较，对别人已经做过或者正在做的事情我们也都去做，这样发展的结果只能产生细小的迭代发展。第一性原理的思想方式是用物理学的角度看待世界，也就是说一层层拨开事物表象，看到里面的本质，再从本质一层层往上走。这要消耗大量的脑力。"

第一性原理就是抽丝剥茧，找到最底层、最本质的东西，简单来说就是找出"本质是什么"。

邢海燕自己也从"第一性原理"中受益。每次出现问题，邢海燕都要打破砂锅问到底，看看问题到底出在哪里？问题的本质在哪里？

有一次高层开会，一起探讨新教练教学合格率低的问题，大家说的原因有很多，例如：新人技术有待提高，讲解不到位，对考试规则不理解，对考场不熟悉……邢海燕抽丝剥茧，运用"第一性原理"带领高层去寻找问题的本质，经过一轮轮自我剖析后，大家一致认可：新教练的上级没有令他达到应有的教学水平。

当看到问题本质后，大家就知道往哪里使劲了。邢海燕说："解决所有问题的原理都是一样，去找到问题的本质。这样才能把问题从根上解决掉。否则永远只能不停地解决表面问题。"

04 意向百分百，方法无穷尽

燕赵驾校里面有一个奇怪的现象：邢海燕从来不向团队教授方法，也从不给团队支招，但是团队成员都能自发地寻找方法，达成目标。

很多来参观学习的校长，都感到惊讶："这也太不可思议了！赶快教教我们，我们也想让员工自发地去寻找解决问题的方法。"

每当有校长提出这种请求时，邢海燕都会毫无保留地分享。

"你想让员工活成什么样，牛成什么样，你就得自己先活成什么样。通过自己的'成为'，去影响团队，去点燃团队，团队的意愿度调动起来了之后，你不用给他方法，不用给他支招，他自己就会找到很多方法。

"比如招生，如果员工不愿意干招生的事，你逼着他去干，他可能也会干，但是他用一分的劲儿去干，还是用九分的劲儿去干，结果绝对不一样。

"怎么才能让他用九分的劲儿，甚至十分的劲儿去干？

"唯一的方法就是调动他的意愿度，让他明白为什么去干。他自愿去干时，就会绞尽脑汁去想，竭尽全力去探寻各种方法，不用你教给他方法，你想不到的奇招、怪招他都能想出来，甚至想起来的方法会出乎你的意料，比你想教给他的方法都要好！这就叫'意向百分百，方法无穷尽'。这是我做团队建设，也是燕赵驾校一次次打胜仗、一次次创造奇迹的核武器。"

邢海燕调动员工的意愿度，是通过两大灵魂发问。

1. 你能为家庭幸福负责吗？招生收入是工资的一部分，收入增加，就可以改善生活条件，让家庭更幸福。

2. 成长的机会很难得，你不抓住吗？对个人来说，招生就是练兵，能够不断提升自己的能力。你能力强，回报就更多。哪怕你离开了燕赵驾校，只要能力提升了，出去别的地方就是降维打击，甚至可以挣更多，可以有更好的职位，你不心动吗？

等到教练都明白"招生是为自己而干"时，就会琢磨招生的各种方法。

有一次，邢海燕看到一名年轻女性独自在走廊窗台处往传单上盖章。因为有的教练和学员关系融洽，学员有时候会悄悄帮教练干活，邢海燕以为是学员给教练帮忙。走近一问，原来是一位教练的爱人，她和家人在空闲时经常帮助这位教练拉群、发传单。在招生这件事上，只要意愿度起来了，有些教练甚至全家老少齐上阵。

05　两个不低头

燕赵驾校有一个借鉴华润的概念：业绩不向辛苦低头，价值观不向业绩低头。即事事以数据说话，时时向目标挺进。

对于业绩好的员工，除了薪水高之外，还会有表彰奖励。表彰时，员工戴着荣耀的大红花、披着金光闪闪的绶带上台，校长颁发证书，仪式感、荣誉感满满。

对于业绩差的员工，燕赵驾校有一个辅导机制，分校校长会定期对每月业绩较差的员工或新员工进行辅导和再考核，如果连续3个月招生、培训等各项数据都垫底，那就得"回炉重造"了，去成长大学重新培训、重新实习。

不过有些员工偶尔会表现出不服气，抱怨自己干了多少多少，有多么辛苦……

分校校长反问："每个人都辛苦，你光跟我说，你多苦多累，你干到多晚，你熬了多少个夜，你如何累到不行。但是你没有业绩，没有成果啊。我们不谈给学校做贡献，就说给自己家里吧。人家一个月给家里贡献多少收入？你也是和人家上一样时长的班，给家里做贡献却只贡献了人家的一半。不好意思，我不能认可你的辛苦，你觉得你家里人会认同吗？"分析完毕后，业绩差的员工自认理亏，只能继续学习，投入战斗。

这就是邢海燕在大会上经常讲的：业绩不向辛苦低头！

同时，价值观也不向业绩低头，别以为员工业绩好就怎么样。邢海燕深谙价值观的重要性，即便你是招生冠军，是培训冠军，只要触碰底线，一律劝退，没有商量的余地。一个曾经蝉联多年的销冠，就因为招生时进行虚假承诺，违反了价值观铁律，被燕赵驾校解聘了。

"两个不低头"是燕赵驾校的铁律，这两条铁律为燕赵驾校"培育中国好司机，贡献社会正能量"的使命保驾护航，也保证了燕赵驾校的业绩年年上升，价值观土壤一年比一年更为肥沃。

06　三个导向

我问邢海燕："在燕赵驾校的变革之路上，是什么指引着你们前进？"

她说："我们有三个导向！第一个导向是最重要的目标导向。'培育中国好司机，贡献社会正能量'是我的使命，也是我的目标。每当我出现迷茫、取舍和选择时，我都会看向目标，这件事对实现目标有用，我就干，没用就不干。"

就拿招生来说，学车虽然是刚需，但属于低频消费，每人一生只学一次，驾校生源就少了"复购"这一途径，基本上是一次性买卖。驾校招生无非两个途径：老学员转介绍，找新学员线索。

随着中国适龄学车人群数量下降，70% 的学车人群集中在 18~25 周岁。而这部分人的社会圈子尚未形成，转介绍能量偏弱。以前，驾校是卖方市场时，根本不愁生源，驾校也不需要员工招生。直到 2018 年，燕赵驾校教练人均招生也才 30 人 / 年，全靠学员自己到校报名。

仅仅 3 年多时间，燕赵驾校由 2018 年的人均招生 30 人，到 2022 年，已达人均招生 130 人。在全国驾校增多、生源减少的大环境下，驾培行业招生严重下滑、大打价格战的情况越来越严重。但燕赵驾校依然实现了招生价格、市场份额、人均招生上涨的三连涨。

邢海燕继续说道："三连涨就是目标导向变革的成果。比如我们的培训效率提高了一倍，再比如'投诉热线'变成了'表扬热线'，这些都是设立目标导向后所达成的。"

有一次，一个来参观学习的校长提了一个问题："撞单问题，燕赵驾校是怎么解决的？"

大家都期待邢海燕给出一个解决各方利益分配的妙计。不承想，邢海燕竟然说："撞单一定会有，燕赵驾校不解决！"

听到这个答案，那个校长目瞪口呆地望着邢海燕。随后，邢海燕说了这样一番话："撞单肯定会有，撞单后人也会受影响，认为单子被别人抢走了，然后影响心情，甚至一蹶不振，还导致团队气势下滑。其实这就是没有把精力盯在目标上。这个撞单了赶紧去找下一个啊，哪有工夫掰扯撞单的事情。你的目标是招更多的生，你就是掰扯一天赢了，这一天你也就招一个学生，如果用一天的时间去找线索，去提升成交率，说不定这一天能招三个学生。更何况，你还有可能掰扯输了，影响心情不？如果不是影响一天，而是影响一周、一月、一年，那一年就不招生了？这就是走着走着忘了真正的目标了。"

第二个导向是数据导向。每次高层开会都会带着数据，包括当天数据及月度数据，在会上每当有分校区校长被批评而抗议时，邢海燕都会说一句："来，看数据，让数据说话。别说感觉上的话，就看数据，招生数、出人数、投诉数、表扬数……这些数据都有，你校区样样垫底，还说自己挺努力，那不是瞎说吗？"

"大数据"看完，大家还会一起看"小数据"，例如团队的数据、个人数据、车效、人效、环比、同比，还有校区数据对比、队数据对比……

邢海燕最常说的一句话："凭感觉都是瞎说，数据不会骗人，感觉是虚的，数据是实的！"

燕赵驾校团队从上到下已经形成了数据导向思维，拿数据说话，拿成果论英雄。现任的一个校长、四个分校区副校长都是拿成果论英雄论出来的。邢海燕的用人法则：能上能下，成果说话。

第三个导向是学员导向。在燕赵驾校，谈起工作成果，不仅仅包含招生量、出人量，还有一个最重要的成果：学员满意。不管你说得再多，做得再好，学员不满意就是不好。这是燕赵驾校"为学员好"的核心内容。

在邢海燕的思维模式里，学员满意永远是教学和招生的基石。她说："没有学员满意，合格率再高，教学也谈不上好；没有学员满意，招生也不可能招得好，更不用说学员帮你转介绍。"在燕赵驾校，学员满意是硬指标，是硬杠杠。先说学员满意再说其他成果。邢海燕要求：学员满意是基础成果，所有成果都必须建立在学员满意这个成果之上，否则就称不上成果。这也是后来为什么邢海燕要做"一键呼叫""总经理热线"的原因。以学员为导向，生发高效沟通工具，为学员解决问题，提升学员满意度。

燕赵驾校以学员为导向，经常给学员送各种礼物和福利。然而，对于邢海燕来说，礼物这个词却有全新的解释。她有一句话经常挂在嘴边："学员的每一个投诉，都是最好的礼物！"

这句话让燕赵驾校处理学员投诉以及服务的变化产生了巨大的变革，也把中国驾培行业的服务意识提升到新的维度。

这句话，说起来容易，做起来难。因为投诉很多时候伴发着利益冲突，如果真要处理投诉，让学员满意，驾校得拿出真金白银。在很多人看来，驾校利益会受到损害。邢海燕却雷厉风行，把处理学员投诉这件事定性，在高层会及全体员工会上宣布："我们要不惜代价，不惜成本，不让一位学员有怨言。这不是一种处理方法，这是一种对待学员的态度！"

07 对手不是同行

我和很多驾校老板交流过服务的话题，大都认为：我们要和竞争对手比服务！要想赢得竞争，必须服务超过对手，甚至于碾压对手！

邢海燕的观点则截然相反：我们不需要，也万万不能和竞争对手去比服务！

我问她："你这是啥理论？为啥不能与竞争对手比服务？"

邢海燕说道："学员到驾校来学车时，可能是从饭店过来的，或是从服装店、专卖店过来的，甚至有可能是从奢侈品店过来的。如果一个学员从海底捞刚吃完饭过来学车，你说他会拿驾校的服务和谁比？是不是必然和海底捞比。学员一生就学一次车，其实他是没有机会把你和对手驾校进行比较的。"在邢海燕眼里，驾校的服务对手不是其他驾校同行，而是学员接受过的所有高级服务。所以，她要求燕赵驾校向高级餐厅、酒店学习服务理念和行为规范。为此，燕赵驾校还设立有一个驾培行业独有的岗位：班主任。班主任只有在我们上学的时候才有。在驾培行业，只有在燕赵驾校才能见到。

以往的驾校学车过程中，大部分时候是学员推着驾校走，因为每个人都是只学一次车，对学员来说，每一个环节都是崭新的，从未经历过的。燕赵驾校当时也和其他驾校一样，学员推着驾校走，驾校永远跟在学员屁股后面去服务。直到邢海燕意识到自己的竞争对手不是同行驾校之后，燕赵驾校开启了班主任系统，驾校服务也就此开启新的篇章。

班主任系统遵循反向服务法则：一切走在学员需求前面。

例如，学员下一步需要体检了，没等学员问，教练的提醒信息就到了；学员需要约考科目一，没等学员咨询，教练的提醒信息就到了；学员考完科目一了，没等学员问，训练及科目二的考试计划就排出来发过去了……

邢海燕对服务体系的要求："一切都是我们主动服务学员，不能等学员找我们。"这一服务理念不仅约束班主任岗位，所有和学员及外界有接触的岗位，都要按此要求执行。

为了更好地服务于学员，避免出现纰漏，燕赵驾校把班主任系统从原来的管理体系升级成了一个系统。燕赵驾校联合国内顶级驾培服务商"58驾校通"开发了班主任服务系统，学员学车的每一个时间节点都会自动生成工单下发给班主任，班主任每天接到工单后，逐一处理，做到工单日清，处理完毕后，系统会自动检查处理情况，产生报表发送给管理层。

除了班主任系统，燕赵驾校为了提升与学员的沟通效率，第一时间解决学员问题，切实保障学员权利，还建立了"学员第一位群"。每个人都有很多微信群，驾校也不例外，也都有自己的微信管理群，重要的群都会置顶。燕赵驾校组建的"学员第一位群"，群如其名，它的位置始终在管理人员的微信群的第一位。这个群的成员和公司高层群成员是重复的，但是它的位置高于高层群。这就是邢海燕在燕赵驾校高层会上常问的那句话："你是把学员放在第一位，还是把自己放在第一位？"

每一个消费者都有自己的感知能力，驾校把学员放在什么位置，学员是能感知到的。

08 一键呼叫

我们都知道，每个学员背后都站着很多人，包括同事、邻居、亲戚、朋友。得到一个学员不容易，但失去一个学员却很轻松。这就是邢海燕为什么如此重视学员投诉以及满意度的原因。

但即使有了班主任系统，一切都做在前面，仍然避免不了学员会有不满出现。邢海燕思考：怎么能让学员最便利咨询、投诉、反映问题呢？

驾校管理系统中有个学员端，它是学员学车过程中查看学车信息、了解学车进度的端口。邢海燕在这方面进行革新，直接把学员端口改造成了学员窗口。通过这个窗口，学员可以直接拨通教练、班主任电话。如果实在懒得拨，这个页面上还开发了一个最大的按钮：一键呼叫。学员只需按一下这个按钮，然后坐等服务就行了。

一键呼叫最大的作用：让学员投诉一路畅通，放大每一次学员的投诉。

邢海燕恨不得学员的投诉能像光速一样畅通，有像原子弹爆炸一样的威力。一键呼叫的设计原则是以学员为中心，一切围着学员转。试验发现，这一招不仅解决了学员的问题，还提升了驾校管理。我们来看看一键呼叫具体是怎么运作的：学员只要按下一键呼叫按钮，这条呼叫信息就会立即同步发送给以下人员：

（1）学员的教练；

（2）学员的班主任；

（3）教练所在队队长；

（4）教练所在队大队长；

（5）副校长；

（6）校长；

（7）总经理；

（8）董事长。

班主任负责一键呼叫的即时处理，收到信息后，后续分三步走：

（1）接到学员一键呼叫后，专人专岗在3分钟内回电，30分钟内处理完毕；

（2）每天统计一键呼叫台账，把明细发送给所有管理人员；

（3）处理人将学员反映问题进行梳理，避免下次再发生类似情况。

只要是一键呼叫进来的问题，燕赵驾校都秉承一个处理原则：不惜一切代价，不惜一切成本，让学员满意。每个接到一键呼叫的人，也都会去关注处理情况，开会讨论时确认处理结果。

一键呼叫也会出现学员点错的情况，班主任回电过去，学员说你们这个按键太大了，一不小心就点错了。于是有员工建议，是不是可以改小一点。

邢海燕非常坚定地表示："不能变小，不但不能变小，看看还能不能放大，能搞多大就搞多大。点错了，我们顶多回个电话，但如果学员找不到投诉渠道，我们听不到学员的声音，就完了。"

在燕赵驾校，一键呼叫是提升驾校管理的放大镜。邢海燕让学员拿着放大镜找驾校的不足。每当有一键呼叫时，邢海燕都开心极了："又来礼物了。"虽然一键呼叫的次数越来越少，但那个大按钮仍然静静地等着学员按下。

在学员端首页，除了醒目的一键呼叫按钮，还有一个一键换教练按钮，只要学员点击了一键换教练，马上就会有校长回复并立即无理由更换教练。燕赵驾校对教练老师的原则：只要学员点一键换教练，一律按投诉处理。

09　总经理热线

燕赵驾校每天的晨会结束后，所有的员工会做一件事情：在朋友圈发布一张图片。这张图片内容只有总经理投诉电话、微信。如果你恰巧有燕赵驾校某个教练的微信，你每天有可能看到这张总经理热线图片。

邢海燕为什么要求大家这么做？她这么解释："我们就是要光明正大地告诉学员，教练心系学员，如果他做得不好，你尽管投诉。所有的事情，我们燕赵驾校都是公开透明的，事事都摆在桌面上。请相信，学员的事情有人管，驾校最高层就是你的靠山！"总经理热线代表了服务学员的最高态度，投诉热线 24 小时待机伺候。而且这个热线，从接到电话到跟踪处理，再到学员满意，并不代表投诉处理完毕，在燕赵驾校的标准里，直到学员有转介绍了，这条投诉才算处理好了。

每天晨会后，员工统一发布总经理热线图片后，要截图录入工单，校区校长负责检查，确保把总经理投诉热线传达给学员。此外，邢海燕还要求印刷卡片，在报名、考试等线下接触学员的所有环节进行发放。还会把总经理热线张贴到报名大厅、客服中心、考场、餐厅、学员休息室、教练车内等各个角落，甚至是卫生间。

教练车内最显眼的地方放置着总经理的投诉热线。燕赵驾校要求每位学员第一次练车时，教练必须告知学员总经理热线，这是工作流程的必做环节，如果在训学员不知道总经理热线，教练是要被通报批评的。分校区校长随时抽查。

邢海燕说："总经理热线就是给学员撑腰的。很多企业都在倡导提升服务教学，追求零投诉。追求零投诉也是我们的目标，但如果没有投诉，我们要高兴，也要警惕。学员不投诉意味着两个截然相反的结果：（1）驾校管理 100% 完善；（2）学员彻底死心，已经不屑于投诉了。"

邢海燕深知，世上根本不存在 100% 的完善管理，所以，她期待不断有投诉电话出现，让她及时发现问题。只要总经理热线一响，再重要的事，邢海燕都会放到一边，先接学员电话。

10　投诉热线变表扬热线

每天下午 4 点，所有高层齐聚邢海燕办公室，进行"每日分析会"。邢海燕不出差时，她亲自主持，她不在校时，由在校最高领导主持，这是燕赵驾校最高规格会议。会议期间，总经理热线、一键呼叫和其他途径学员反映的问题，无论大小，都会汇总到一起，被投到大屏上，所有高层一起讨论分析。

会议几乎每天都是在一阵"噼里啪啦"的讨论中开始，有时候还会暴发激烈的讨论。每个人都在聆听并找问题的症结，不光要解决学员的诉求，还要找出问题出现的本质。如果有人想把问题滑过去，在一旁倾听的邢海燕一定会突然叫停，把问题拉回来重新讨论，一点儿浑水摸鱼的机会也不给。

每一个投诉都要按照"学员送来的礼物"去回礼。燕赵驾校要给学员提供"补偿性"极致服务，责任到人，由校长亲自跟踪每项补偿服务是否到位，直到学员感动并自愿转介绍，这个投诉才算解决，这就是燕赵驾校的标准。

一名叫秦中立的学员，投诉科目三训练排课问题。分析会上，大家总结出 19 条补偿服务，相关责任人现场领走，一一落实，并将落实结果在群内同步发布。

补偿服务包括：

（1）散会后立即和学员联系，电话道歉，加上微信，每个层级分别跟踪；

（2）学员住的比较远，校区负责人安排为学员提供车接车送服务；

（3）给学员写一封《道歉感谢信》，道歉并感谢提出意见；

（4）重新规划训练考试，争取考试一次过关；

（5）考试合格后，送上祝贺礼物；

（6）学员是做再就业培训的，给学员拉几个客户；

（7）帮助学员转发一些信息，给学员做宣传；

…………

后来，这个学员成为燕赵驾校的"铁粉"，经常主动宣传燕赵驾校并介绍学员报名。

"每日分析会"是提升驾校管理的扒皮会，每天扒皮，日复一日，从未间断。结果也一天天开始显现，原本投诉的学员开始送锦旗，开始给教练转介绍，还愿意交心，把学车及生活的点点滴滴分享给教练。

学员投诉是一面照妖镜，照出的是驾校管理中的缺漏和不足，照出的是驾校是不是真的把学员放在心上、驾校是不是真的为学员好。燕赵驾校的员工有一个共识：所有的投诉，本质是学员受到了损失。所有的投诉处理，本质是加倍补偿学员。但是处理学员投诉的最终评判标准，并不是让投诉学员满意，而是要看投诉学员有没有帮忙转介绍。

燕赵驾校早已形成了"我的责任"揽责习惯，学员投诉什么，就是什么工作没做好。投诉排课，就是排课工作没做好，排课部门就会揽走责任；投诉考试，就是考试工作没做好，考试部门立马揽走责任；投诉客服，就是客服工作没做好，客服主管就会揽走责任。在燕赵驾校没有人说"这不是我部门的事，这是 xx 部门的事"。其他地方常见的"推卸"文化，在这里你见不到。燕赵驾校感激每一位投诉学员，他们的投诉是在帮助驾校发现不足，帮助驾校补上漏洞。

现如今，投诉热线几乎每天都会收到表扬教练的电话或微信，俨然已经变身为表扬热线。

11 红黑榜

前面几个小节说到的学员投诉以及表扬，燕赵驾校都是会统一记录的。校长的诸多日常工作中，有一项工作就是发布奖罚通报。所有奖罚，根据层级不同由不同的责任人签发，汇总到一个部门统一发布。

办公室在每个月月底统计出各个校区的投诉、处罚次数和表扬、奖励次数，根据次数多少，评出一个红榜和一个黑榜。学员的表扬信、锦旗以及总经理热线渠道的表扬，都会被列入红榜记录。办公室第一时间在微信群以红头文件形式，在全校发布。各校区会在本校区进行二次宣贯、表扬，对红榜上的人员进行表扬奖励。黑榜以同样的方式公布于众、广而告之。

为了争取学员的表扬，各个校区明里暗里较着劲，进行"为学员好"教学服务大比拼。

燕赵驾校每年年底还会举办"为学员好"主题的演讲比赛。邢海燕认为："藏在心底的爱不是爱。"如果真的心中有爱，那就大声表达出来。

演讲比赛像年会一样隆重，不是说场面隆重，而是每个团队都会把自己团队里的"为学员好"的标兵推举出来。在员工心里，这不但是一次比赛，还是一次团队的炫彩时刻。每个人都会整理一年来自己"为学员好"而做出的成绩和故事。

如果你亲身经历了这个演讲比赛，一定会被里面的故事深深感动。原来还有那么多不为人知的感人故事，每天都在我们身边发生着。很多人只是在默默地做、默默地付出，如果不是演讲比赛，可能这些感人的故事永远只是藏在他们心里。驾校每个部门都会有代表上台演讲，即使是后勤部门也不例外，即便是门卫、保洁、餐厅，也都在践行"为学员好"的方针。

12 沃土

跟大家分享一个故事。有一天我看到一名教练在考场外左右张望，我问他在干吗。

他说："在等学员呢，等学员出来了，我迎接一下。"他边说着，边挥了挥手中卷起来的条幅。这时，他的手机传来一个信息，是学员发给他的：教练，我过了！

一会儿后，学员从考场出来。我看到教练双手撑开条幅疾步迎上去，大声喊着条幅上的内容："热烈祝贺亚姐顺利过关，亚姐威武！"学员看到这个场面，开心地手舞足蹈，跑上去给了教练一个大大的拥抱。

围观者受到氛围的感染，也纷纷加入祝贺的行列，顿时掌声响起，回荡在燕赵校园……学员眼里泪光闪闪，那种幸福与感动，令人动容。

这是燕赵驾校的一名普通员工创造的一个有爱的场景，我们从中能深深感受到，这名员工此时此刻成了幸福的使者，成了爱的源头。

很多驾校校长特别羡慕燕赵驾校拥有这样的员工。他们来燕赵驾校交流学习时，经常发出这样的感叹："我们来到这里，除了想拿走燕赵驾校的理念，还想挖几个人走啊！"

我问他们为什么会产生这个念头？他们的答案几乎一致："感觉燕赵驾校的员工就像家人一样，他们无时无刻不在身体力行，宣传燕赵驾校理念、传播燕赵驾校文化。每一个人都像燕赵驾校的文化使者，我们也想让自己的员工这样做……但是，员工之所以成为燕赵驾校的使者，是因为燕赵驾校的土壤滋养了这种文化。咱即便挖走了，我担心在我们那里不一定能活。"

邢海燕说道："燕赵驾校这么多年一直致力于建土壤，培育一片沃土。这片沃土会把'培育中国好司机，贡献社会正能量'的燕赵驾校文化精髓培育给每一名员工。当他们内心的土壤都长出贡献的禾苗时，他们都会从'员工'转变为'使者'，对企业的归属感、荣誉感就会更强。"

燕赵驾校的沃土还产生了一个更加神奇的景象。

燕赵驾校的有些员工离职后，邢海燕还经常询问各校长：离职的某某现在怎么样了？有些员工在社会上兜兜转转一圈后又回来重新实习，重新上岗。为什么会出现这种现象呢？

　　因为燕赵驾校是一个非常简单的企业（也可以说是平台），在这个平台上，你只要实打实地干，就能拿到好成果，就能拿高工资，就能得到提升。职场上的钩心斗角，在燕赵驾校都不存在。燕赵驾校只有一个派系：贡献派，也可以叫作正能量派。大家在这个平台上都比贡献，比正能量，所以就没有那些杂七杂八的事，那些杂七杂八在燕赵驾校的沃土中也长不出来！

　　我访谈了一些老员工，发现了员工最在意的一个秘密：员工之所以不愿意走，或走了还想再回来，不仅仅是挣钱多，更重要的是在燕赵驾校可以成长。燕赵驾校的成长文化是邢海燕打造团队、留人用人的文化基础，在这种每天都去探寻可能性、寻求进步的环境里，你想不成长都难。这也是邢海燕被称为驾培行业绝无仅有的"教练型企业家"的原因。

　　燕赵驾校的土壤培养出来的员工也充满着拼搏奋斗的干劲。在一次会议上，一个高层提前 14 分钟离岗回家，大家都认为这个行为破坏了燕赵驾校的文化和制度。在开完会后的两三天时间里，邢海燕一直在思索："特殊时期，要不要调整时间？"

　　没想到，当邢海燕提出这个建议时，却遭到了高层的一致反对，大家对邢海燕进行了长达一个多小时的"批评"和"教育"。

　　"艰苦奋斗是燕赵驾校的优良传统，我们就是这样奋斗出来的，必须坚持，一松懈就完了，团队就散了，绷住劲，干就完了。困难总会过去的。"

　　…………

　　大家你一言我一语，现场火药味十足。平日都是邢海燕向校长们开火，这次是校长们一致对准了邢海燕开火。最后，以邢海燕认输告终。邢海燕却很开心："这次论战我虽败，但败得高兴。以往都是我拽着他们走，这次他们也拽了我一把。这样的燕赵驾校，充满希望。"

04

铁军是怎样炼成的

01 晨会

　　我在前文说过燕赵驾校的晨会，晨会上所有的员工都会在朋友圈发布总经理投诉热线图片。这一节我着重来介绍一下晨会，这也是无数驾校来燕赵驾校参观时必定打卡的项目。

　　邢海燕有个习惯，每天都等最后一个员工走了，她再下班。只要不出差，燕赵驾校的晨会，她从不缺席，不管有没有参观者，她都会按时出现在晨会上。可见她对晨会有多么重视。

　　一大早，来自全国各地的驾校访问团就在燕赵驾校使命墙前等候，他们准备好相机，找好角度，静待晨会开始。

　　随着一声哨响，五个校区的队员分别开始在指定位置聚集列队，着装标准一律为黑色西装、白色衬衣、蓝色领带。对仪容仪表的要求，邢海燕是非常严格的，皮鞋、腰带都是驾校统一置办，更别说胸牌等细节。

校长整队，整理着装，点名，一连串的动作如行云流水，两分钟完毕。随后，各个校区接到指令后，依次向右转，整齐的队伍开始跑步前进，气势如虹，响亮的口号直冲云霄。饱满的精神、昂扬的斗志在早晨绽放。观摩者纷纷拍照。

在这期间，如果突然听到一声呵斥，肯定是邢海燕看到哪个校区的精气神没有完全展现出来。在这种事上，她从不会顾及有没有外人在场。

队伍到达使命墙前指定位置后，晨会值班长统一整队，要求大家整理着装，随后，各校区汇报出勤情况，然后大家开始宣誓，所有人齐刷刷地举起右手，铿锵有力地宣誓：

我们是有责任有使命的燕赵人

我们的使命是"培育中国好司机，贡献社会正能量"

我愿意

让驾培回到培训的本源

让我的生命更有意义

我承诺

从我做起

让中国的交通开始改变

有知道宣誓词的参观者也会跟着一起体验宣誓的感觉。宣誓完毕后，校长交叉检查其他校区的仪容仪表。各校区带回队伍，进行队列训练并且开校区会议。自行队列训练时，员工们迈着整齐的步伐，做着划一的动作，那种精神饱满、士气高昂的劲头，那种口号嘹亮、震慑四方的气势，让每个参观者都为之振奋。最后，各队伍再集合统一进行队列点评。各个校区齐呼自己校区的口号，在校区校长的带领下连喊三遍"加油"。晨会便在加油声中结束。

一名参观的校长说道："这气势，精气神儿真棒，展示了驾培的新气象，我们回去也得搞！"

如果恰逢周一，晨会还有升旗仪式。在雄壮的国歌声中，三名护旗手按照规范将国旗升空飘扬，100多名员工按照校区分列整齐，行注目礼，仰望着国旗在国歌声中冉冉升起。

02 队列竞赛

队列比赛是每年一度的固定赛事。

邢海燕非常重视队列比赛，这是她唯一一个担任总指挥的活动。

全校所有员工以部门为单位组成各分队，每个队都有自己的队名，他们步履整齐，精神饱满，口号嘹亮，刺破苍穹，铿锵的声音萦绕在校园上空，展示着自己夺冠的决心。

会操主持人整完队形，向评审团方向行礼："报告总指挥，会操比赛准备完毕，请指示！"总指挥一声令下："开始！"一场精彩的"比学赶超"竞赛拉开帷幕。

比赛时，各个队伍都喊着口号进场，什么"战狼军团""猛虎军团""雄狮军团"，听起来犹如兽王争霸一样。一个"军团长"霸气地说："来之能战，战则必胜，来了就是要展示王者风范，来就要夺冠，这就是我们燕赵驾校的精神。"

比赛内容有动作、标准、气势等几方面的比试，具体有整齐报数、整理着装、整队报告、稍息立正、跨立立正、蹲下起立、行进与立定等内容，各队会把自己队里的退伍军人挑出来作为训练教官指挥操练。虽然日常晨会他们都有短时间的操练，但为荣誉而战时，各个校区总是偷偷加班操练，操练项目一个也不少，有的参赛队甚至还秘密加上特别动作。因为燕赵驾校有鼓励创新的风气，所以创新的动作有可能会加分。

会操时，参赛队入场，步伐铿锵有劲，队员个个眼神刚毅、精神焕发，动作整齐划一。你能感觉到他们的专注，每一个人都全神贯注地展现自己严整的队容队姿、严格的队列纪律和昂扬的精神风貌。

你根本不知道他们下一句口号是什么，就比如刚刚走上"战场"的"战狼军团"，刚刚还喊着一二三四的号子，随后就有新的口号响彻云霄："不怕困难，冲锋在前，战狼战狼，战狼最强。"气势真是雄壮极了。

每次队列比赛都有一个特殊军团：木兰军团。它是由行政后勤等部门的女员工组建的参赛队伍。巾帼不让须眉，她们和男同事同台竞技，争夺名次。

比赛渐近尾声，不管拿奖与否、成绩如何，大家都相互鼓励，沉浸在兴奋之中。

邢海燕说："这不仅是一次比赛，也是一次团建。会操比赛一般提前 15 天就开始筹备、训练。所有的训练，大家都利用下班时间进行，在训练的同时，建立了团队凝聚力和集体荣誉感。"

03　一周一考

一支铁军，除了拥有钢铁一般的意志，拥有永不服输的精神，自然也要有超一流的作战能力。

燕赵驾校在教学上面的投入，可以说是不遗余力，不计成本。我们在前文说到了燕赵驾校在教学方面的独创，比如成立教学研究院、做基础教学研究、做实景教学研究、设立成长大学等，就是燕赵驾校铁军实力的保障。所以，燕赵驾校特别重视教学，而且是全员重视教学。

燕赵驾校每天会在各个环节产生很多报表，其中，关于教学的报表是最多的，如：学员跟踪报表、约考率报表、合格率报表、不合格原因报表等。这些报表会发送到不同的管理者手里，进行研判，然后大家一起讨论教学的提升方法。

"周考"是提升教学的手段之一。训练部每周都会召集教练进行业务考试，包括理论和实操，教练的考试标准和学员的考试标准是不一样的。例如：学员正式考试时，科目一90分及格，科目二80分及格；而对教练的考核是必须100分，100分是及格分。学员学的内容，教练不能有任何不懂不会的地方，如果有，那就弄懂弄会。

教练用智能模拟器进行技能比武

除了业务考试，燕赵驾校还会举行教学实操演练比赛，每个人都有机会面对全体同事的检验。比赛由校区校长集中考评，这种"公开式集中实操演练"不仅仅是管理者考评，而是所有人的焦点放在考试者身上，每个人都看你怎么教。这时候，教练除了必须拿出真功夫，还要接受极强的心理素质考验。有些教练面对一个学员没问题，但面对几十甚至上百学员时，就会紧张怯场了。这种实操比赛就是一次次的训练场，不断提升教练的心理素质。心理素质过硬，才能打硬仗！

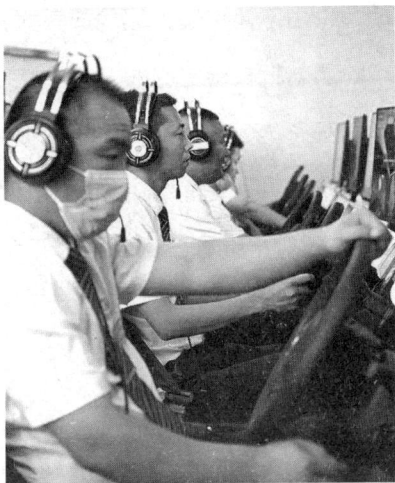

04　学习永无止境

一个开放的平台永远是学习力至上的，这意味着包容，意味着永无止境，泰山不让土壤，故能成其大；河海不择细流，故能就其深。

燕赵驾校就是这样一个平台。这得益于邢海燕自己是一个求知若渴的学习狂，为了提高燕赵驾校的教学水平，不但训练部自己内部潜心研究，邢海燕还从外面聘请老师，和训练部一起研讨，其中包括交通学院教授、《汽车驾驶培训教学大纲》修订者、交通部技能比武裁判、中交协专家等多名业内顶尖专家学者。

在教学研究和实践相结合的研讨中，燕赵驾校正走出一条"具有燕赵驾校特色的新驾培之路"，例如：他们在科目一理论教学过程中，努力提高学员的学习兴趣。对于一些比较沉闷的学员，教练通过多提问、多互动、多考核等方法引起学员兴趣；在授课讲解过程中，加上肢体语言激发学员乐趣；推出智慧教学以及"以考定训"的提效模式。他们还探索怎样把安全意识融合到实际教学中，例如：行车中左右转头观望，这背后的逻辑是怎样的？

邢海燕提出："'培育中国好司机'的基础，是要有高素质的教练团队。我们专注于员工素质的培养，专门为教练的综合素质提升，研发了一套科学体系。这个体系为学员的学习打下了坚实基础，也为驾培行业的教学创新蹚出一条实用的创新之路。"她觉得，研究教学得有匠人精神，要具备强大的学习力，要永无止境地学习，在对精益求精的教学进行投资这件事上，实在太值了。

05 员工进，则企业进

"不管你理不理解，是不是愿意，都得成长，在燕赵驾校这个团队，不成长就会被淘汰，而一旦成长，就会有收获。成长是一个'不爽'甚至痛苦的过程，我不为你的'爽'负责，我只为你的成长负责，哪怕你骂我，只要你能成长，我也问心无愧。"这是邢海燕在公开场合的讲话。她总是给团队规定最高的标准，让团队去尝试最高难度挑战，她说不敢冒险，不敢玩大游戏，就是"怂"，就永远不会成长。

新员工应聘，邢海燕唯一的要求就是"肯干"，她觉得所有事情都是"干"出来的，不要看怎么说，要看怎么做。但是等到员工正式走上职业道路，光"肯干"还不行，还得不断成长。邢海燕说的最多的一个词是"成长型思维"，这也是她为什么要设立成长大学的原因。

新一期员工进入成长大学训练营了，邢海燕给大家分享了自己从事驾培行业 20 多年来的经历，尤其是一个普通的前台文员到"中国驾培使命发起人"的身份蜕变，大家都听得津津有味。

榜样的力量是无穷的，当新员工看到所有管理者都是从普通教练锤炼出来的时候，他们开始领悟"成长型思维"的含义。每个人也都知晓了成长路径：在燕赵驾培使命的指引下，向榜样看齐，做一个谦虚好学的人，让自己每天都有收获，长期坚持下去，就会离自己的目标越来越近，与自己想成为的那个人的差距越来越小。

这时候，新员工往往会给自己制定一个成长目标，包括职务、职业成长，当然也包括挣钱的目标。在燕赵驾校，不管你在哪个岗位，只要持续成长，让自己越来越优秀，收入就会持续上涨。

在第一堂课上，新人还可以学习到另一种燕赵文化：作为一名合格的驾培人，不仅要给学员传授驾驶技能，还应当把学员当成自己的朋友、亲人，用自己真挚的心让这些踏进燕赵驾校的学员们感受到爱与温暖。同事之间，相互学习，互帮互助，在这个充满爱的集体里彼此激励，共同成长，共同爱。

每次训练营结束，大家不仅收获了成长，还会收获一份惊喜。成长大学校长会给他们举行毕业典礼，颁发毕业证书、纪念品，优秀的小组还会颁发奖品。从他们的毕业感言中，你就知道他们多么留恋训练营。

"能成为燕赵驾校的一分子，真好。我的目标是超越前辈。"

"并不是每个驾校的员工都有这样的学习机会，我特别愿意融入这个温暖的团队。"

"训练营期间，我被老师的付出感动，被同事的敬业感染，我的榜样就是驾校冠军，我要学习他，并超越他！"

"涨了知识，学了本领，是时候用我们的所学所获去回报学员了。"

"让我们将校领导的关爱与栽培传递给每一位来燕赵驾校学车的学员吧！"

…………

当一批批"驾培新人"成长为"燕赵新星"时，邢海燕总是喜笑颜开："我看到他们的变化，总是忍不住内心的喜悦。"

燕赵驾校开创了中国驾培行业一个又一个先河，引领着行业前行，成为引航的灯塔，这和燕赵驾校团队的成长密不可分。燕赵驾校的所有管理者都是从最基层一步步做上来的，没有一个"空降兵"。邢海燕坚持"价值观指导下的人才培养机制"，业内也因此称燕赵驾校为驾培行业的"黄埔军校"。

燕赵驾校的成长大学是中国驾培行业首创。以全力打造人才培育体系为己任，常设"助力伙伴成长训练营"。人事部选聘合格的新人，经过成长大学的精选后，进入"助力伙伴成长训练营"细培。经过一批批新员工培训及老员工再培训，现在燕赵驾校已经产生了一批 80 后、90 后、00 后的优秀管理者及优秀教练。他们是燕赵驾校铁军的中坚力量。他们在招生、教学、服务各方面都成为一把能手后，当地驾培市场开始"抢人"，他们被其他驾校竞相聘用。只要在燕赵驾校工作过的员工都成了香饽饽，在其他驾校都会被高看高用。

有人开玩笑似的跟邢总说："您这是免费的'黄埔军校'呀！"

邢总总是笑笑："我最希望看到的是燕赵人走出燕赵驾校时能变得更好，能被别人尊重，能被别人重用。这就是我的价值，是燕赵驾校这个平台的价值，看着他们走时比来时好，我是由衷的高兴。"

06 三大培养体系

我和邢海燕交流时，曾谈到一个话题：你为什么成长那么快？

最终，我俩探讨出一致答案：她的学习力强。

她的学习力确实非比寻常，只要是她想学习的对象，不管对方是什么身份、什么职位，她都虔诚地虚心求教。三人行，必有我师焉。

在燕赵驾校教练的成长路径上，邢海燕规划出三条成长之路：

（1）从教练到校长

这是一条管理型成长之路，驾校会培养员工从普通教练到队长，从队长到大队长，从大队长到校长这样一个成长历程。

（2）从教练到销冠

有些员工热衷于潜心钻研业务，不爱搞管理，那么就会有一个"招生和培训"的专项成长路径给他，等于是培养驾校尖兵，尖兵多了，队伍也就可以打胜仗了。

（3）从教练到客户经理

这是一个思维的转变，当一名教练具备了客户经理思维以后，不仅可以大量地招生，还可以成为学员的顾问乃至朋友。

在培养员工的路上，准高管是由邢海燕自己带培，她会训练员工的技能和思维，会安排他们参加一些行业交流会，去一些第三方课程进修深造。成长大学的老师也会被安排去一些新型学习平台深造。

每次外出学习归来，邢海燕会让学习者当一次老师，再将所学传授给同事。

"教是最好的学"这句话在燕赵驾校被应用得淋漓尽致。学习的人要复习一遍，再教一遍，自己巩固了学习内容，同事们也学到了新东西。在燕赵人眼里，人人皆教练，人人皆讲师，人人都是客户经理。

我问邢海燕："为什么要不遗余力地培养员工？"

她总是说："人是最大的财富，员工是最大的资源。你的财富你不得好好守护吗？你的资源你不得好好培养吗？"

燕赵驾校的人才培养工程让很多应聘者或计划从事驾培行业的人有一个共识：要做教练，首选燕赵驾校，成长快。这也让燕赵驾校的教练招聘比其他驾校容易很多，几乎没有驾校老板不为招聘教练发愁，而这事在燕赵驾校根本不是问题，不管你想招聘多少人，都有人等着人事经理去面试。

在燕赵驾校的三大培养体系里，邢海燕有意让不同特质的教练人尽其才，发挥最大的价值。但领导岗位毕竟还是少数，所以她更侧重"教练—销冠"的培养途径，让优秀的教练即使始终在教练岗位，也能通过自己的努力，每个月拿到高薪水。

虽然驾校情况各有不同，但每个驾校老板都深知"兵熊熊一个，将熊熊一窝"的道理，所以，吸引驾校老板去燕赵驾校学习的还是"教练—校长"成长体系。

燕赵驾校教练团队目前分为四个校区，由四个校长负责，每个校区有自己的队伍，基本上在招生、培训、服务上独立运行，四个校长对一个训练部校长负责。

从以下几个数据你就能看出燕赵驾校团队的成长速度之快。

（1）市场占有率达到行业天花板

2018—2022年，市场占有率份额连年上升，截至2022年，在竞争区域市场占有率达80%。而在全国很多驾培市场化地区，50%占有率就是上限。

（2）人均招生指数级递增

2018年，人均招生30人；2019年，人均招生50人；2020-2021年，人均招生100人；2022年，人均招生达123人。更令人惊诧的是，在疫情期间，全国驾校都按下了暂停键，而燕赵驾校仍然创造了月均招生破千的奇迹。这个奇迹让其他驾校校长目瞪口呆。

燕赵驾校是怎么做到的呢？其实很简单，燕赵驾校"教练—校长"培养体系培养出来的校长都是从基层上来的王牌教练，他们个人招生领先，带领小分队招生领先，然后才能有资格带领校区。他们也是从基层一步步拼搏奋斗才走到校长的位置上。而且，这个位置可不是一成不变的，邢海燕特别订立规矩：能上能下，一切以业务能力说话。如果校长的业务能力下滑严重，是要回去重新担任队长或者直接回炉从教练重新做起的，这种情形在燕赵驾校经常发生。

07　健康第一位

燕赵驾校团队既然被称为铁军，除了钢铁一般的专业技能和意志力，最重要的肯定是钢铁一般的身体素质。

每年给全体员工体检，在其他行业来说，并算不上创新，但在驾培行业里，燕赵驾校是走在前列。

每年都有那么一天，燕赵驾校的每个人都会接到一个温馨提示：三天后的早晨不要吃早饭，驾校安排了全套体检。

体检涵盖标准的健康项目，每次体检都由校长亲自安排体检流程，并仔细核对体检项目有无遗漏。

员工体检计划作为一项福利政策，是燕赵驾校对员工的关爱，也是对员工身体健康的重视，这项关爱活动加强了员工对企业的认同感、归属感。

有员工说："我自己长这么大都没做过全套体检。其他同行看到燕赵驾校的待遇，也只能远远羡慕。因为他们还没有这福利。"

人事部经理说："体检计划真是完美的福利待遇，也是吸引求职者的重要条件之一。关注员工健康的燕赵驾校更能获取应聘者的认可与喜爱，这增加了燕赵驾校在招聘市场的竞争力。"

燕赵驾校铁军是在复杂的体系中经年累月打造出来的，并不能一蹴而就，非一朝一夕就能拥有。除了身体素质、职业技能、心智磨炼、进阶之路之外，邢海燕还有更深层的秘诀，那就是人文主义的力量。

在燕赵驾校的每个角落，你都会发现这个团队的特征：积极主动、兢兢业业、精力充沛，每个人都积极向上，每个角落都有感动和爱存在。"感动和爱"就是邢海燕所说的"人文主义"的内核。她在燕赵驾校创建了一种"爱的文化"，让员工在这种文化中成长，然后再去传递给他们能够接触到的所有人。而这种"爱的文化"在很大程度上体现在燕赵驾校给员工们举办的每个节日之中。

05

每个节都是员工的节

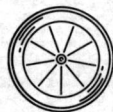

01 生日快乐

每一名燕赵员工填写入职表格时，都会看到一个专栏：生日。

员工正式入职后，人事部就把生日信息标记在备忘录里。

在我国，人们非常重视自己的生日，有人为自己祝贺生日是让人非常愉悦的一件事情。最有意义的就是生日当天，无论提前庆祝还是过后再补，都达不到当天过生日的感觉。哪怕你的仪式隆重一倍，寿星本人对生日的感觉仍然会缩水。

在燕赵驾校，晨会后，你如果看到大家围成一个圈子，把某一个人围在了中间，那大概率就是今天有过生日的小伙伴。

校长会给过生日的小伙伴戴上装饰的头饰，有些头饰上写有"生日快乐"字样。有时，校长还会故意把小仙女的头饰给男生戴。他们转着圈一起唱生日歌。在阵阵欢快的生日祝福中，一份包装精美的生日礼物送给了寿星。没有人知道自己的生日礼物是什么，因为采购生日礼物的同事会经常变着花样，所以礼物等于就是盲盒。不过，采购员说过："不用管盲盒里是什么，我最基本的采购要求是实用性，我会采购一些家里常用的东西，而不仅仅是买一个摆设。"

燕赵驾校免费提供三餐，午餐期间，餐厅的大厨会专门给当天过生日的同事做一碗"生日面"。

每当有员工过生日时，总能听到员工感叹："能在燕赵驾校工作，真自豪。"

邢海燕参加晨会的时候也会和同事们一起唱生日歌，一起围着圈圈转起来。这个温馨的氛围是那么亲切而令人向往。

庆祝生日是再正常不过，但是邢海燕的特殊之处是每个节都过，而且劲头十足。作为驾驶培训为主要业务的燕赵驾校，为什么那么热衷过节呢？邢海燕有自己的见解：每一次过节都是一次互动，对学员是互动，对团队来说，不光是互动，还是一次团建。每个节日，燕赵小伙伴都非常期待，每次团建后，自己都会有成长，都会增强团队的凝聚力。最重要的是，每个节日都能传播燕赵驾校的"爱的文化"。

02 三八妇女节

三八妇女节是世界女性的节日，近几年被多称为"女神节"，很多商家会在这个节日推出诱人的促销活动，吸引男士给自己的女神购买礼物。

在燕赵驾校，"女神节"是每年必不可少的一个节日，邢海燕每年都会参与精心策划，给全体女士们过一个浪漫的节日。

每到这个节日，燕赵驾校的男员工都会全体出动，提前一天为女士们布置会议场地，他们非常用心，因为他们体会过在过其他节日时，同事们用心的场景。这群男人的目标就一个：为燕赵驾校的女士们送上爱与祝福。

有一年"女神节"，100多位帅哥手持鲜花，喊着号子，踏着铿锵有力的步伐，来到女士跟前，女士们笑开了花。献花大部队，让女士看起来十分惊艳，很多人一辈子都没见过100人组成的献花方阵，震撼的场面，让人有一种幸福的眩晕感和梦幻感。那一天，驾校给每位女士都颁发了一个全世界独一无二的"最美燕赵之花证书"，人手一封董事长亲笔信，每个人都笑靥如花。邢海燕会与女士们共话爱的话题。

女神节，全体燕赵男生把女生围起来献花

我参加过的另一次"女神节"，更觉爱意满满。那天一上班，所有女士被紧急通知集合，有重要会议要开。集合好以后，会议主持人认真讲了提升服务的事情，让大家今天务必展现最好的服务和最美的自己。

殊不知，所有男生都已经悄声无息地迅速集结在门外，形成了夹道欢迎的阵势，颇有"十里长廊迎女神"的场景。邢海燕也非常兴奋，像孩子一样在长廊里飞跑着和每个人击掌相庆。

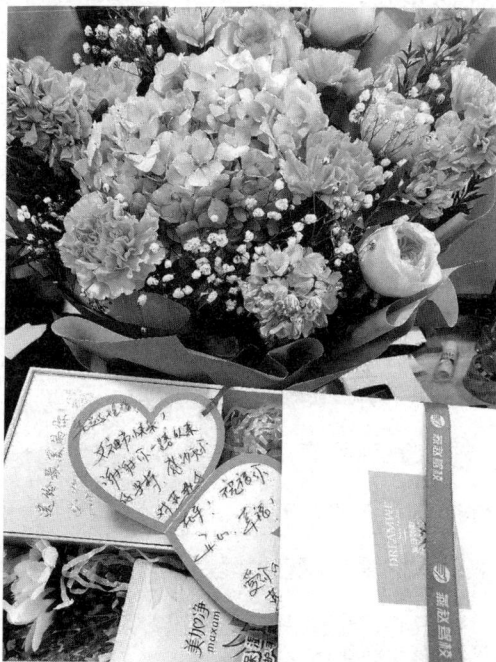

每年三八妇女节，员工都会带着驾校准备的鲜花和礼物，写下贺卡，送给自己的女神

室内主持会议的人看了一下表，宣布："散会！"

女士一出门，被夹道欢迎的阵势给惊到了，什么情况？！

当男士们"节日快乐""女神快乐"的祝福声响起时，女士们幸福的表情开始飞扬起来，欢快的笑声飘遍整个驾校。同时，每个女士还收到一大束鲜花，手捧鲜花她们笑得合不拢嘴。所有男士围成一个大圈，把怀抱鲜花的女士围在圈里开始转动，一首关于爱的音乐响起，在音乐声中，男士们的转动就像是给女生伴舞一样。一位女士感动地说："幸福来得太突然了！"

随后，在男士们的前呼后拥下，女士们被迎进布置好的会议室。邢海燕和所有人开始探讨有关爱的话题，"一个人生活在爱里的时候，是会被滋养的。爱不仅仅是来自老公的爱，这个社会、我们身边的事情、我们的同事，哪怕是我们的学员，其实都有很多的爱，只要你去感受，你就能感觉到。"

男士给女士献花结束后，每位男士也会收到一束花以及一个特别定制的心形贺卡，邢海燕请每个人给自己深爱的女神写上一段祝福。可以写给伴侣，可以写给母亲，或者他们心中的任何深爱的人……

随后，邢海燕请现场所有人把刚刚写的寄语，和鲜花一起，给自己最爱的人送过去。如果在家就送到家里，在单位就送到单位，在逛街就送到街口，无论她在哪里都要找到她。

邢海燕还不忘提醒："别忘了给她一个大大拥抱哦！如果她在外地，那你用最合适的方式，不管是电话，还是视频，带着你刚才的体验和感动去表达你的爱。藏在心里的爱不是爱，要勇于表达出你对她的爱，她今天会非常开心，会觉得自己是这个世界上最幸福的人！"

"女神节"过后，女士们谈起当时的感动仍念念不忘。

一个女士说道："一出去的时候，哇！好多人啊！从来没觉得咱们人那么多！那一刻就感觉到心里有底气！"

另一个说："那天出门的时候，我老公说我不在妇女节的节日行列里，没想到驾校给我过了节，我真真实实感受了一把在其他地方没有享受过的待遇，特别感动。"

还有一名员工说道："我的家人和朋友都没给我过过这个节日，来燕赵驾校3年了，过了3次三八妇女节了，每一次都有不一样的幸福和感动。我一定要把从这里感受到的温暖传递给每一个伙伴和学员。"

在燕赵驾校，爱就像阳光天天照射你，心中有阳光，天天是晴天。

03　妈妈，您辛苦了

韩剧《请回答1988》里面有句台词："听说神无处不在，所以创造了妈妈。即使到了妈妈的年纪，妈妈的妈妈依旧是妈妈的守护神。妈妈这个词，只是叫一叫，也觉得喉间哽咽。"

也许，当一个女人成了一个母亲，她的人生才在真正意义上开始。"母亲"这一身份让她从此无惧人间的风风雨雨，坚毅挺拔地奔向前方。这个世界上，总有人爱你，那就是母亲。

几乎每年母亲节的时候，邢海燕都会与团队共话亲情。母亲节当天，燕赵人都会把驾校准备的鲜花带给自己的母亲。

有人不理解为什么要在这一天准备这么多鲜花，并让每一位员工送到自己母亲的手中？

邢海燕解释道："我们是比较含蓄、矜持的一个民族，喜欢把心里的爱藏起来，不好意思去表达、流露。我们上班，不应该只是想着驾校，不应该只拘泥于让学员考驾照，我们还有一份工作，那就是贡献自己的爱心，让爱流淌起来，传下去。要让爱流淌，首先我们得把爱表达出来，我经常给伙伴讲：把爱大声说出来，藏在心里的爱不是爱。"

有一次母亲节，恰巧一位学员的母亲来燕赵驾校参观。这位学员平时不善于沟通，但是在练车过程中变得自信了，母亲非常好奇，就带着外孙来看女儿练车，看看改变自己女儿的到底是一家怎样的驾校。当她看到女儿和教练、同学交流的场景时，高兴得合不拢嘴。驾校巡查的校长知道情况后，立即为那位母亲送上一束带着满满爱意的鲜花："大姐，祝您节日快乐！"

在最近的一次母亲节，邢海燕决定让几个高层来为团队过母亲节。四个分校长和大家分享了自己童年的故事和成长经历，以及妈妈对自己的爱。他们分享的一个个感人的场景让所有人泪目，这让大家也想起了自己的童年和成长道路上的点滴。分校长们让大家用定制的爱心卡片给自己的母亲写下心里话……

活动临近结束时，主持人说道："驾校给我们每个人的妈妈准备了一份节日礼物，拜托大家把邢总和燕赵驾校的这份心意带给妈妈……"

巧合的是，这一天是一位员工妈妈的生日，大家一起为员工的妈妈录了一个祝贺生日的视频。每人一句祝福，每人一份爱，透过屏幕，穿过春风，流向妈妈身边……

妈妈，您辛苦了！

04　老师好

教师节是燕赵驾校内部所有节日中最隆重的一个节日，没有之一。在邢海燕的心里，教练最该过的就是教师节，她说："教练不仅仅是教你开车、考证，我们'培育中国好司机，贡献社会正能量'的使命，需要教练去具体实行。所以教练们是当之无愧的老师，教师节也是教练们的节日。"

邢海燕经常给团队讲："我们除了把燕赵驾校做成一个让人尊敬的企业，还要让这个行业被人尊重，要让每一名教练都能赢得社会尊重！这种尊重首先就要从燕赵驾校自身开始。"

正是邢海燕这种信念的引导，燕赵驾校的教练都不仅仅把自己当作一名教练，他们以"学高为师，身正为范"来要求自己，以"燃烧自己，成就他人"的老师精神来驱动自己。

邢海燕和燕赵团队一起过教师节

经历过两次以上燕赵教师节的员工都知道，教师节是燕赵驾校非常用心的一个节日，而且每一年的教师节都不一样。

每年教师节，都是燕赵驾校使命的总结节。邢海燕每年都要讲，"要让驾培回到培训的本源，让驾校成为真正的学校，要让学员学到真正的驾驶技术，而不是简单地拿个驾驶证，要让学员在驾校期间就养成良好的安全意识，这样才能最大地保障学员上路行驶以后的安全……培养一个好司机，就等于保护了一个乃至多个家庭的安全和幸福。做教练不是一个差事，不是一个简单的工作，而是一份沉甸甸的责任。"

每次教师节邢海燕都会给所有人讲爱的故事，大家也会分享自己跟爱有关的故事。有一次教师节，大家闭上眼沉浸在邢总的故事里和感动里，心情久久无法平息。当大家睁开眼睛的时候，教练们突然发现，自己的学员正站在自己面前，手里捧着礼物，眼里闪着泪花。每个教练面前都站着一位学员，他们喜悦的笑容，好像世界被幸福融化了一样。原来，驾校悄悄邀请了每个教练的学员，并为每个人备好鲜花和礼物，让学员送给自己的教练。教练和学员紧紧拥抱在一起，感动与喜悦充满了整个会场。

随后，一个巨大的多层蛋糕被缓缓推进会场。教练和学员们一起分享蛋糕，分享心中的感动与感恩，湿了眼眶，暖了心房。

在活动即将结束时，邢海燕深情地说："亲爱的学员们，感谢你们今天陪伴教练过了一个有意义的教师节，教练给你们准备了一份礼物，请教练来领取，送给你的学员……"原来驾校还给学员准备了一份礼物，而且是以教练的名义，让教练亲手发给学员。

这样一个教师节，必将铭刻在每个人的记忆里。这样一个教师节，是对教练的尊敬，是对驾培行业的尊敬。是的，只有自己尊重自己，别人才会尊重自己。

在很多人看来，教练是一个很枯燥无聊的职业。但是邢海燕不这样认为，她说："驾校是交通安全的第一道防线，是中国交通行业和汽车产业链入口，教练从事的是人命关天的大事业。人的一生有很多次学习和考试，唯有学习驾驶关乎生命安全。这群人日复一日坚守在驾校，方向盘是他们的粉笔黑板，训练车是他们的三尺讲台，他们的教室以地为庐、以天为盖，不惧风吹日晒、酷暑严寒。他们在教学时言传身教，既教技术，又教做人，是真正的教育工作者，他们值得我们每一个人尊重！"

在燕赵驾校的概念里，我们每培养出一名安全文明的驾驶人，就是在维护社会交通和谐；我们每培养出一名优秀教练，就是在培养交通安全文明的园丁和使者。

在燕赵驾校的引领下，全国驾校开始模仿燕赵驾校给教练过教师节。这个关乎人们生命安全的行业，从此不再只是培养学员，也开始重视培养教练了。

二校区在教师节朗诵《你好，教练老师》

此刻，我终于明白了邢海燕呕心沥血用自己全部力量去培育员工成长的原因，驾校培养的不仅仅是学员，还有教练。教练在"三尺车内"承担着传道、授业、解惑的责任。教练早出晚归，披星戴月，无论风吹日晒、酷暑严寒，他们都穿梭在训练场上，传授安全知识，传播驾驶文化。

教师节恰逢金秋九月，丹桂飘香。

每当教师节如约而至时，大大小小的感动必定接踵而来。

某年的教师节前夜，教练下班前接到通知：所有教练把钥匙交上来，明天要检查卫生。

邢海燕留下四名高层，秘密布置了一项重大任务："等所有教练都下班后，我们五个去给每个教练车里放一个平安果和一张贺卡。"平安果都是用包装纸手工精致包装好的，贺卡都是校长一个字一个字针对每一位教练的特点专门手写的。

平安果和贺卡都提前秘密准备好了，他们计划一下班就开始行动。没想到正常下班时间到了，才发现情况不对，原来一些上班时间没空练车的学员需要晚上加班练车。

邢海燕和几个高层说："等吧。等他们都走了再行动。"结果，几个人从晚上 7 点等到 10 点。等到教练全部下班后，行动才开始。邢海燕还专门拿了自己用的香水："给咱教练车里都喷些香水。让他明天从开车门起，香一天。"

邢海燕带领四名高层在黑暗之中，打开手机上的电筒，一辆一辆地找寻对应的教练车，每个贺卡都写有教练的名字，一个也不能放错。他们一个一个地核对，一辆车一辆车地放置。每个平安果和贺卡都放在每辆车的同一个位置，黑暗中，彼此虽然看不见脸庞，但能听到欢快的笑声。他们似乎忘了时间，沉浸在自己的"神秘任务"里，等把贺卡和象征平安的平安果全部放进老师们的车里时，已是第二天凌晨。

在 9 月 10 日清晨第一缕阳光中，老师们打开车门，一刹那，他们的脸上露出惊喜的表情，嘴巴里还发出惊讶的欢呼声。教练们的笑容像阳光一样灿烂，笑声像银铃般悦耳，他们相互分享着校长写给自己的心里话，喜悦溢于言表。他们坚信：我们守护着学员，燕赵驾校也无时无刻不在关注和守护着我们。

燕赵驾校的教师节往往还在户外举办仪式。

一次教师节活动上，在表彰完优秀老师后，每个教练都安排了上台展示的机会。

驾校为每一位教练提前准备了神秘礼物——印有老师们个人工作照片的专属纪念水晶杯。为了准备这份惊喜，行政、客服、后勤的伙伴们全员出动，趁教练不注意时偷偷抓拍记录下老师们工作的瞬间，筛选出一幅最灿烂的照片，制作带有他照片和名字的水晶杯。

一个参与"偷拍"的行政部员工说："抓拍教练的过程非常刺激，既要拍出他的真性情，还不能让他发现。这个过程中，我真真切切感受到了教练的辛苦和认真，这个经历会鼓舞着我更好地为教练们做好保障服务工作。"

当教练们看到专门为自己定制的精美"教师节纪念品"时，眼睛瞪得溜圆，嘴巴张得好大，每一个人都是惊讶万分的样子。他们抚摸着照片和自己的名字，看着上面"致敬教练员老师"字样，自言自语："咦，这是什么时候拍的？我怎么没一点印象？"

活动致辞时，邢海燕说道："每次教师节，学校都为教练们精心准备礼品，所有的教练都会依次上台接受我们的爱和祝福。但所有这些都不足以表达我们对教练们真诚的敬意。向所有教练的辛勤付出表示感谢是我们分内的事，我希望我们可以弘扬尊师重教的良好风尚，推动驾培行业高质量发展，让社会重新认识驾培行业。此时此刻，我发自内心的一句话是，教练们，辛苦啦，我们会一直守护你们！"

教师节当天还会举办晚会，教练们放下工作，放松心情，自己也会参与晚会表演。此时你会发现教练们竟然是那么的多才多艺，好像你在的不是驾校，而是艺术团。

现场还有很多被邀请来的学员和家属，也有一些学员听说有教师节活动，自己跑来参加。还有一些学员悄悄地给老师们送来惊喜，在老师们不知情的情况下，特意赶到现场，通过送花、送锦旗、送表扬信等各种方式来表达对教练的敬意。

曾经有这样一名来参加教师节活动的学员，让我印象深刻。

那是一年教师节的下午，阴雨连绵，燕赵驾校门口来来往往的学员中出现了一位穿着时尚、得体的女士，她打着伞步行进来，一只于牵着一个三四岁的小女孩，一只手抱着一大束鲜花。雨伞倾斜地打着，很明显是怕淋湿了鲜花和孩子，她丝毫不顾及自己是否被雨淋着。她走上来咨询保安："咱驾校的教师节活动在哪里举行？给教练打电话咋打不通啊？"

我听到她的询问，赶紧迎了上去。邢海燕这会儿正在会议室给教练们过教师节，教练们的电话估计都静音了。

我带她到屋里休息，感觉这里面肯定有故事，我问她发生了什么情况？

她说自己还没毕业，正在学习场地练习，听一起学车的同学说今天燕赵驾校正在给教练过教师节，便跑了过来。因为着急，从幼儿园接了孩子，订了一束鲜花就直接过来了。她说："我以前没感觉教练是老师，自从我在燕赵驾校学车，才发现燕赵驾校的教练就是老师，他们不但教车还育人，不但给你讲驾驶常识，还给你讲生活道理。我上着班，还得照顾孩子，学车时间非常紧张，学车前怕时间不合适，又担心自己学不会，没想到驾校根据我的时间给我安排得非常好，学车时老师也是根据我的情况进行教学，感觉整个学车过程非常顺，非常开心。我请教练吃饭也不去，正不知道咋感谢教练呢，当我得知今天驾校给教练们过教师节时，我就想，我也得给我的教练过教师节！"

当这名学员带着孩子抱着鲜花出现在教练面前时，教练被这突如其来的惊喜搞得有些不知所措，那一刻，所有人都能感觉到他因为被学员尊重而生出的感动。此刻，学员带来了对教练的尊重，对驾校的尊重，也带来了对这个行业的尊重。

05　爱在重阳

中国自古就有敬老爱老的传统，但大多在家族里面沿袭。

作为企业，专门为老年家属过节，燕赵驾校在行业里可是数得着的。

在一次关于敬老的全体员工会议中，邢海燕询问谁家里有 80 岁以上的老人。随后，她宣布了一项决定：家里有 80 岁以上老人的，每人发放 500 元慰问金；90 岁以上的，发放 1000 元慰问金。她要求每个人去给自己家的老人采购物品，然后把与老人在一起的幸福时刻分享给伙伴们。那一刻，慰问礼品已经不再是重点，老人们幸福的笑容和温馨的时光才是重点。燕赵驾校的员工说道："虽然我家里没有 80 岁以上老人，但是我也感受到了满满的幸福和开心。"是的，燕赵驾校仿佛不是一个企业了，它浑身散发着人文主义的光芒，更像是一个一直在创造奇迹、创造爱的海洋。

最近一次的重阳节正值国庆节假期，天高气爽，金桂飘香。早已形成尊老、爱老、敬老、助老风气的燕赵人，又在筹划重阳活动。

策划活动的人员提前 4 天统计了不在当地的员工家属，为这些老人快递过去了重阳节礼物。在重阳节当天，老人们都准时收到了燕赵驾校的礼物。看着驾校送的礼物，老人们都很开心，有的还发来照片和视频，让员工反馈给驾校："东西收到了，替我谢谢驾校啊。"照片和视频里的老人开心得像个孩子，脸上洋溢着幸福的笑容，让每一个人都感觉到温暖。

重阳节当天，驾校安排了管理层上门慰问，把礼物逐一送到本地员工家里，让老人切实感受到爱的温暖。校长们还向老人详细汇报员工在驾校的工作情况。

每次上门，场面大多相似，面对突然到来的客人，老人们抓住管理层的手久久不愿松开，非要留大家吃饭；有的老人送出了家门，又送到村头，目送车子远去，直到看不见为止。

每到一家，管理层们与老人细心交谈，细唠家常，详细询问老人的身体和生活状况，在送上慰问礼品的同时还送上全体燕赵人的祝福。

给所有老人送完礼品和祝福后，驾校又启动了一场"爱在重阳"现场活动。大家一起观看了一部关于敬老爱老的短片。员工和家属们一起观看管理层去慰问老人的片段和花絮，看到一幕幕感人的场面，现场的员工都被感动得热泪盈眶……

邢海燕发表寄语时说道："我在这里给所有员工的家长、老人致以节日问候，我一直要求所有燕赵人要以孝为先，要爱老人，不光要爱，爱要大声说出来。"

活动有一个环节，员工父母代表上台与员工互诉亲情，燕赵驾校同事给送上鲜花和祝福。看着同事和员工相拥的那一刻，很多人又一次湿润了眼眶。

有些员工憋了多年的情感此刻向父母流露；有的老人宽慰孩子："家里的事不用操心，好好工作，珍惜燕赵驾校平台，多做贡献。"有两位员工与在老家的父母进行了视频连线，员工对着视频另一端的父亲大声地说出了"我爱你"三个字，这是他人生中第一次跟爸爸说。父亲听到后，不可思议地瞪大了眼睛，激动地凑近镜头亲切地看着孩子，现场响起了雷鸣般的掌声，大家都感动不已。

随后，每一名燕赵员工都领到一个心形卡片，主持人邀请每个人给老人写上一句祝福的话语，带给老人，老人没在身边的，就拍视频念给他们听。

重阳节活动，员工与父亲拥抱在一起

邢海燕代表全体燕赵人对到场的老人们鞠躬表示感谢，燕赵人为了向老人们致敬，还编了一首诗歌朗诵——《爱在重阳》。临近活动结束时，驾校为每一位到场的员工的父母送上一份礼物，全体员工为他们送上节日祝福。

06 最可爱的人

建军节、建党节和国庆节都是燕赵驾校非常隆重的节日。

迎着清晨第一缕阳光，雄壮的国歌声响彻燕赵驾校的广场，鲜艳的五星红旗与太阳一同升起。

8月1日是中国人民解放军建军节，它源于南昌起义。中国人民解放军自建军以来，历经千难万险，从少到多，由弱变强，发展为一支多兵种合成的军队，正在有中国特色的精兵之路上奋勇前进，成为中国捍卫和平发展的钢铁长城。

每年的8月1日，在燕赵驾校你都会看到，一声哨响后，一群退伍老兵会迅速集结成队，这支气势高昂的队伍，在燕赵驾校使命墙前的国旗下整队，他们精神昂扬、步伐坚定，队伍整齐划一，唱着《咱当兵的人》。这些曾经的沙场老兵，相互佩戴大红花后，唱着歌一起走进会议厅，在口令的指挥下整齐落座，观看军魂或者国防事业的纪录片。国家的军队日益强大，国家日益繁荣富强，这一切，离不开一代又一代军人的无私奉献，如果你在现场，你的自豪感也会油然而生。看完视频后，他们合唱军歌，洪亮的声音瞬间感染现场的每一个人。

邢海燕为老兵送上寄语："这是一个神圣的仪式，感谢老兵们，感谢我们最可爱的人。当年是你们历经沙场，保卫着国家的和平安定，如今你们作为教练，同样作为最可爱的人，保障着整个交通环境的和谐安宁。"

燕赵驾校员工为了表达对老兵们的崇高敬意，自发组织代表们向老兵敬献鲜花，所有的一切都是在绝对保密中安排的。

当各位员工代表进来之时，邢海燕正和老兵用心交流，他们闭着眼睛，享受着特意为他们准备的歌曲《为了谁》。当老兵们睁开眼睛的一刹那，眼前满是鲜花，此刻的老兵们再也控制不住自己的情感，感动地流下眼泪，与在场的代表们拥抱在一起。

每年建军节，燕赵驾校都会组建新一届"青年突击队"。邢海燕向突击队授旗，队员会在队旗上签名，留下自己的铮铮誓言。

所有退役军人都会在这一天领到一份退伍军人津贴，驾校还会精心定制专门的礼物送给他们。

最引人注目的还是老兵分享环节，他们用自己在部队的生活经历以及记忆犹新的故事吸引着每一个人。

一名入职多年的老员工说道："我还记得第一次参加驾校建军节时，邢总对我们的寄语：一身戎装，一世信仰，守万里河疆；一日西装，气宇轩昂，创燕赵之光！"

他们中间既有 1976 年入伍的老班长，也有来自边疆的边防战士，有坦克兵，有汽车兵、武警战士。他们有的参加过大阅兵，有的参加过抗洪救灾，有的参加过领导人保卫，有的参加过亚运会的安防任务。每每谈起峥嵘岁月，他们都会湿润眼眶，聆听的人们也会生起敬意。

建军节活动，震撼心灵的宣誓让人感觉到上战场的感觉，他们誓创辉煌业绩的决心，让人肃然起敬：

昨天

我是一名军人

守护国家是我的赤胆忠心

今天

我是一名退役军人

守护交通安全是我的不灭军魂

披上培育中国好司机的战甲

举起贡献社会正能量的战魂

我成为一名驾培人

明天

我还是安全的守护神

我将永葆军心

至诚至真

老兵们群情振奋，庄严宣誓后，退役军人代表说："我们曾经是一名军人，不灭的永远是军魂。离开了部队，进入了燕赵驾校，从事的依然是守护人民生命安全的工作。"他把誓言签名板郑重地交到了邢海燕的手里。

邢海燕听到每个人的分享后也非常兴奋："燕赵驾校藏龙卧虎，有这么多为国为民做出过很多贡献的退伍军人加入，是驾校之幸，是学员之幸，是驾培之幸。有这么多人才的共同努力，燕赵驾校一定会在'培育中国好司机，贡献社会正能量'的使命指引下，为道路交通安全事业做出更大的贡献。"

在建党节、国庆节两个节日里，燕赵校园也是张灯结彩，整个校园到处洋溢着节日的气氛。

每到这两个节日，燕赵人会手绘或手写一些祝福传递给身边的人。他们写的字谈不上书法作品，画的图谈不上多么艺术，但字里行间流露的热爱，每幅作品展现的情怀，都是正能量。

燕赵人会一起回忆党的光辉历程，畅想新中国的建设蓝图。他们回顾万里长征的一路跋涉，硝烟弥漫的战场风云；他们追忆浴血奋战的抗日战争，以及奏响凯歌的解放战争。

他们聚在一起，升国旗，唱红歌，唱响生日祝福的歌曲。在建党节，燕赵驾校还会设立"党员先锋岗"，邢海燕亲自为党员先锋岗佩戴党徽，授予党员先锋岗证书并发放津贴。

国庆节，一名教练挥舞国旗，歌唱《我和我的祖国》

邢海燕寄语时说："党员先锋岗是我们驾校的带头者，也是我们'培育中国好司机，贡献社会正能量'的带头者，'培育中国好司机，贡献社会正能量'是我们的责任，是我们的义务，我们生逢盛世，当不负盛世。"

07 传统佳节

每个传统佳节，燕赵驾校都会一个不落地给员工过好。比如端午节和冬至。

端午节是南北方都重视的一个节日，这天，燕赵驾校的厨房一大早就会去采购糯米、粽叶，员工早就联系好了学员，一起包粽子，吃粽子。厨房里热气腾腾的蒸炉也已经做好了准备，就等成品粽子了。

每年的端午节都有不同的节目，有忆昔抚今的诗歌朗诵，有代表着多福的"福袋"香包礼物，当然每年都少不了固定的祈福纳吉：教练给每个学员手腕系上七彩手环，为学员送上快乐安康的祝福。这时一定会有多才多艺的教练跳出来献歌，热闹的气氛在歌声、掌声中一波又一波地起伏。

学员和教练们一边吃着香喷喷的粽子，一边开心地聊着，时而微微点头，时而畅怀大笑。大家一起缅怀爱国诗人——屈原。

有不少学员说，燕赵驾校的端午节粽子比家里的粽子好吃多了，吃得又开心又热闹，毕业了我还来驾校过端午……

再比如冬至，冬至是中国古老的传统节日，家家户户都要过冬至的。

每年冬至，当天到校训练的每一个学员都会接到教练的邀请："一会儿练完车包饺子去哈，咱驾校今天包饺子过冬至喽！"

在包饺子现场，很多学员八仙过海，各显神通，有擀饺子皮的，有包饺子的，还有载歌载舞助兴的，好不热闹。

所有没课的教练和手头不忙的行政人员也会到现场帮手，如果不注意看，你可能都不知道，邢海燕也混在包饺子人群里凑热闹呢。

邢海燕说："我喜欢和学员一起玩，和他们在一起我感到亲切，他们只需要知道我是大家庭的一员就行了，我没必要让他们知道我的身份，这样他们玩得更嗨。我最高兴的事，就是看到学员们的激情绽放。"

学员说："第一次不在家里包饺子，没想到比在家里还热闹，以前冬至只是包个饺子吃吃就完了，只是觉得冬至是个节气，没有过节的感觉。在驾校原来可以边吃饺子，边玩边唱，第一次感觉到冬至真是个节日。"

教练则说："看到学员快乐，我非常满足，看到学员和同事吃着自己包的饺子，那种开心，你只有融入里面才能感受到，那实实在在是一种幸福。"

08 只与爱有关

"520"是个什么日子？

"520"是信息时代的爱情节日，是一个不亚于哥德巴赫猜想的世界级爱情密码。

有人这一天去领证，有人这一天举办婚礼，有人这一天求婚，更多的人在这一天约会，抑或开始一场说走就走的旅行……

在燕赵驾校，520是个表白的日子。邢海燕会给每一名员工准备一束鲜花，让他们把鲜花送给自己最爱的人，并给他一个深情的拥抱。

在燕赵驾校，这种表达爱的机会很多，邢海燕总是鼓励员工们"爱要大声说出来"，你会感到，在燕赵驾校，爱一直就在你身边，不是因为有了"520"才有爱，而是因为有了爱才有"520"。

而且爱的含义，远不只有爱情，燕赵驾校的爱是升华了的。在这里，爱时刻发生着，爱学员、爱家人、爱同事、爱陌生人……

有些驾校经常做各种活动，几乎都带有促销环节。燕赵驾校做的学员互动活动摒弃了促销模块，没有任何促销环节在里面，"与你相遇，爱在七夕"就是典型的纯玩活动。

为什么总是做纯玩的活动呢？

邢海燕有自己的观点："现在的学员都是年轻人，怎么才能和这些孩子融在一起，让他们更加了解驾培？只有和他们打成一片！你的活动如果加入了商业目的，他能看出来或感觉出来，你是想利用他。我们做活动没有'利用'，只有'互动'。如果在校期间，我们通过互动让学员都去感受学车的快乐、温暖以及驾校对他的爱，他就会有一个超级棒的学车体验，就会感受到这个世界的美好。他们便会相信美好，会去创造美好。如果他能够感受到爱，他一定能够去创造更多的爱，一定能让这份爱再流淌出去。这样我们这个世界不就成为'有爱'的了吗？不就更美好了吗？"

七夕节现场布置得如梦如幻，这是一个浪漫的日子，员工们提前一天就开始布置会场，一般是鹊桥主题风格。

邀请到校的学员有情侣，也有和朋友三三两两一起来的，他们席地而坐。

活动刚开始时，他们有些拘谨。

当第一场游戏开始后，所有人便变得跃跃欲试。"心有灵犀""一起走过那段路""齐心协力"等游戏一轮接着一轮。每轮游戏结束后，都会有代表出来分享自己的体验，获胜者还会有小奖品，欢笑声充满了整个房间。

期间，主持人安排工作人员给每个人送上一个可爱的陶制小花盆，然后再送上一粒红玫瑰种子。里面已经放上了配制好的土料，插在花盆里的标签上写着：种一颗爱的种子。

主持人说："今天是一个有爱的日子，你手上捧的这个花盆是我精心为你挑选的爱心小陶盆和一颗爱的种子，邀请你拿起爱的种子，种下去。这份爱的种子是你对爱人的爱、对家人的爱、对朋友的爱，也是对自己的爱、对这个世界的爱。你身边的人必定会因为你的爱而更有爱。来，一起种下去，让爱发芽、让爱成长、让爱流淌！"

大家种下爱的种子后，每个人都会收到一张爱心卡，主持人邀请学员们写下自己对所爱之人的寄语，贴在一棵充满希望与期待的许愿树上。在这棵许愿树上，你会看到有学员对爱人、亲人的许愿，还有学员对燕赵驾校的许愿、对教练的许愿……

学员临走时，又发现了惊喜：驾校给每人还准备了一份精美的伴手礼。学员带着愿望和期许、带着爱和快乐度过了一个温情满溢的下午。

在燕赵驾校，节日都是爱的节日，相信爱，爱就会永恒，贡献爱，爱就会流淌。

　　燕赵驾校的人文关怀并不简单体现在员工层面，对学员的关怀更是让学员印象深刻。很多人觉得燕赵驾校之所以取得这么厉害的招生成就，基本上是因为学校的硬软件设施比别的地方更好，教练的培训做得更好，给学员的服务做得更好。还有人认为是燕赵驾校的营销做得更好。

　　实际上，用邢海燕的话说，燕赵驾校从不营销，服务做到极致就是顶级的营销，如果硬要说这是营销的话，那总结起来就是"营销没有秘诀"。

06

营销没有秘诀

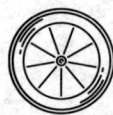

01 年轻人的潮牌

从上一章的内容我们可以看到，燕赵驾校喜欢给员工过各种节，也喜欢和学员一起过各种节。每到过各种节的时候，驾校都会举办各种派对，年轻的学员们都会到驾校和教练们一起"嗨起来"，打扮各异、穿着新潮的学员和五颜六色的打卡点，把校园装点得更显潮流。

从年轻帅气的教练，到时尚潮流的学员，你都能感觉到这是一所年轻人的潮牌驾校。

根据燕赵驾校的学员数据统计，60% 学员是女性，88% 的学员年龄在 18—40 岁之间。走在校园，你会发现燕赵驾校的学员打扮得非常时尚、靓丽，这和学员的年龄段有关，也和燕赵驾校的氛围有莫大关系。

邢海燕一直要求把驾校装扮得更时尚、年轻，从教练队伍年轻化，到校园设计年轻化，到各种互动，都是跟随学员的特性来做的。

在亚马逊总部学习时，邢海燕发现亚马逊的企业罗盘只指向一个方向：客户想要什么，就给什么。她说："这是迎合客户喜好，是永远和顾客站在一起。我们驾校也要去了解学员，与学员在一起，那样学员才能和我们一起燃起来，一起嗨起来！"

校园里流行的这种动感氛围，让学员们都感觉这是一个年轻人的驾校，因为在这里到处都洋溢着朝气蓬勃的气息，充斥着激情以及令人向往的青春活力。坚强，奔放，充满着希望。

进入燕赵驾校训练场，你可以看到各种打卡点，这些打卡点都有绚丽多彩的时尚元素，一组组"画风狂野""灵动有趣"的手绘画让人看着忍不住想拍照留影。

在进入训练场的过道一侧全是彩绘墙，整个彩绘墙就像一抹风景，给人感觉三步一景，五步一画。一幅大型探照灯墙绘旁写着："光终究会洒在你的身上，你也会灿烂一场"。这句话让每一个路过的人都感觉，自己无论现在是成功还是在努力中，未来终将光芒四射。鼓励员工和学员去奋斗是燕赵驾校的一贯作风。燕赵人认为：每一个努力追逐梦想的人，都值得拥有优秀的自己和更好的未来。而这只是多面打卡墙的其中一面。

旁边另一幅墙绘是一个孤零零的彩虹，好像只有你过去和它站在一起才能成为一幅完美的画面，配语："人间一趟，积极向上；不畏将来，不念过往"。在它对面就是"培育中国好司机，贡献社会正能量"使命墙，两个画面犹如一对好友，相互凝视对方。如果你蓦然回首看见它，会感觉那道彩虹在向你微笑。

练习进步较快或考试过关的学员会在"如你所见，优秀如我"的彩绘墙留下纪念。

一排排的打卡墙成了燕赵驾校的独特景观也成了很多学员的记忆。

在校园里你随处可见用废弃轮胎做成的汽车、飞机、坦克，或者各种惟妙惟肖的动物。坦克和飞机还有轮子，总是让人忍不住去试试能不能推着跑，我推过几次，每次都有一种念头：如果推得快是不是能飞起来？虽然你明知道它不会飞，但在那个放松、自由的环境里，你会天马行空地放飞自己的思绪，犹如回到童年时代。

每到秋天，葡萄架下是最吸引人的地方。

一串串晶莹剔透的葡萄聚拢在一起，密密麻麻的，伸手可及，摸起来滑溜溜的，非常舒服。你看到那个场景就会想：等葡萄逐渐长熟后，摘一个，剥去皮，放进嘴里，香甜可口的汁水一下子渗遍全身，那甜滋滋的味道始终留在嘴里，久久不会消失。

而事实上，你永远也等不到那一天。每天聚集在这里的学员们，会把当天所有能吃的葡萄一股脑地都以品尝的名义统统干掉，教练看到学员摘葡萄和吃葡萄的样子总是忍俊不禁。即使有些葡萄看不到半点熟的迹象也会被学员吃到肚子里去，当你问他酸不酸时，他总是捏着被酸得不行的鼻子，给你挥挥手："甜得很嘞！"

葡萄架旁边的秋千，是人缘最好的大玩具，几乎不闲着，练车学员如果来早了会去荡几下，陪女朋友来练车的小伙子坐上去就不下来，等女朋友练完车还得让女友再荡一会儿，趁机把女友荡得很高，等女友下来后被一顿追打，然后俩人大声欢笑着跑着走了……

训练场中间有一些五颜六色的房子，都是那种激情四射且跳跃的色彩，犹如动感音符在院子里跳动，其中有一个房子整个外观被涂成了直直的彩虹条，其实和彩虹长得一点也不一样，大家都愿意把它叫作"彩虹房"，是因为它有彩虹般五彩斑斓的气氛和让人追求美好的向往。

02 超酷快闪店

为了迎合年轻人的喜好，燕赵驾校在驾培行业首开"快闪店"品牌营销模式，这个模式因其新奇、潮流、时尚的风格而引人注目。

燕赵驾校"AI学车快闪店"是以品牌进商城的模式做的，他们在商城租用了一块空地，在空地上搭建了一个AI模拟教室。这个快闪店处处绽放着吸引眼球的元素：内部空间按照赛车风格打造，还将炫酷的灯光，AI学车体验、盲盒、赛车留影等元素融为一体，让体验者仿佛真的置身学车现场。用户体验完AI学车，还可以体验盲盒互动，会有新的惊喜，最后身着赛车服拍照纪念，每一个人犹如刚刚参加完一场速度与激情的赛车比赛，有趣极了。

燕赵驾校把智慧驾校的AI智能学车设施搬到大商场里去和年轻人近距离接触，整个环节都是在直播过程中进行的，有年轻人在直播中看到"快闪店"，赶紧去现场体验。

燕赵智慧驾校一直在探索和年轻人"黏"在一起，把智慧驾校打造成年轻人学车的潮流和趋势。

"AI学车快闪店"亮相第一天，就成为商城里的网红打卡点。很多没学车的年轻人都排队去体验智能学车，那些已经拿到驾照的人们也是非常惊奇："没想到学车已经变得如此新潮、如此智能了！"还有一些已经拿到驾照的人也要去体验一下，说是弥补一下自己以前学车没体验过的感觉。

在现场，除了排队体验AI智能模拟器，国际赛车手留影区能让年轻人体验一把赛车手的感觉，他们穿上赛车服，以赛车手的模样和AI智能模拟器合影，真的很酷。

现场有人好奇地边看边说："一直听朋友讲燕赵驾校学车和我那时候不一样了，今天算是看着了，这是学车黑科技啊！"

在 AI 智能模拟器上，不但可以学习和考试有关的项目，还可以体验各种仿真的驾驶环境，在附近住的年轻人，几乎每天都要来体验一把。

"快闪店"只有短短两周的时间，虽然让人意犹未尽，但已经让参与体验的人深有体会：燕赵驾校是一所真正和年轻人在一起的潮牌驾校。

燕赵驾校让年轻人以自己喜闻乐见的方式体验潮牌思想，激发了年轻消费者的好奇与求知欲，在展示智慧驾校的同时，推动了驾培文化的传播。

03　开学第一课

燕赵驾校开学第一课，开讲啦！这里的开学第一课和我们上学时的开学第一课有所不同，邢海燕跟授课老师说："这一堂课，关乎生命！"这一堂课关乎自己的生命，同时也关乎他人的生命，关乎每一个人的生命安全。

一直以来，燕赵驾校交通安全理念的宣讲，不止有"开学第一课"的安全宣讲，还有科目二以及安全文明考试后的宣誓环节。燕赵驾校一直用实际行动帮助更多交通参与者了解交通法规、敬畏交通法规、遵守交通法规，让安全理念深植于更多道路交通参与者的心里。

开学第一课是很多人生命旅途的开始。课程会有一些基本内容讲解，包括驾校介绍、师资介绍、学车流程等内容，尽量把关乎很多人生命的学车旅程做好。

燕赵驾校开学第一课，有 11 个主题：

（1）燕赵驾校之歌；

（2）燕赵驾校知多少；

（3）为什么学车；

（4）应该用什么样的态度学车；

（5）最快最优的学车方案助你快速拿驾照；

（6）考驾照的流程；

（7）怎样认识交通安全的重要性；

（8）学员守则；

（9）培训心得；

（10）《倡议书》签字；

（11）拍照留念。

开课的时候，老师会先问学员一个问题：为什么学车？

这时，"拿驾照"仨字会从学员嘴里下意识地蹦出来。

每个人学车肯定不是仅仅拿个驾照那么简单，学员有时候意识不到自己的真正需求，这个时候，老师的引导就至关重要。

燕赵驾校授课老师会先完成开学第一课的首要任务：让每位学员找到自己的深层次需求。他们认为，只有让学员明白学车的深层次需求，这样的一段学车旅途才会有意义，教练教学员学会开车的过程也才会有意义。在后续过程中，就会教、学目的一致：共同帮助学员实现深层次需求。

这些需求包括：寻求驾驶乐趣（如自驾）、实现生活幸福（如接送孩子）、追求生活便利（如上下班方便）等。

在开学第一课上，学员对驾考都会有清晰的初步认识：人生有很多次学习，有很多次拿证，有很多次考试。唯有这次是关乎生命，不仅仅是关乎自己的生命，还关乎家人的生命。老师们总是会让学员分享自己的看法。

"一次意义如此重大的学习，如果我们儿戏学习或儿戏教学，都是把生命视作儿戏。"

"这次学习不仅仅关乎自己的幸福，还关乎全家的幸福。"

"生命面前无小事，交通出行，无论是机动车驾驶员、乘车人还是非机动车、行人，所做出的每一个动作，哪怕再细微，再不经意，都切切实实关乎人的生命安全，任何关乎生命安全的小细节，都不是小事。"

"学车的重点在于学好细节，不在于学会考试。魔鬼都在细节里，生命也都在细节里。"

"以开车门观察为例说明细节的重要性。即使开车开得再好，一个开车门不观察的细小动作，就有可能酿成大祸！"

燕赵驾校这种探讨互动式学习不仅仅是老师讲课，而是通过互动、分享去探讨学车的意义，越来越被年轻人青睐。在互动中，学员们还明白了自己始终是一名"交通参与者"，无论拿驾照与否，不管你是行人，还是驾驶人，都在参与着中国交通。

课程中，老师与学员的各种互动非常有趣且引发深思。

讲到闯红灯时，老师对学员说："从来没有闯过红灯的请举手。"当学员们举起手后，老师会讲：闯红灯闯成功了你会比别人快走几十秒，如果闯不成功，你会比别人"快走几十年"。

接下来学员会进行交流讨论，听学员的发言你能感受到学员的认识已经发生了转变。

"闯成功了是因为侥幸，可是侥幸并不成功一辈子，也许闯不成功的概率非常低，可是当交通事故发生的那一刻，就都完了。"

"谁也不能保证我们每天出门肯定可以平安顺利到家，我们唯一可以做的就是学习安全知识，把危险系数降到最低。"

"闯红灯时，谁也不能确定是不是会有一辆车呼啸而来。"

当大家都要做一名文明交通人的时候，老师会引导学员成为源头。"有一天你会发现，在你等红灯的时候，你的身边也会有一个人和你一起等红灯。有一天，你会发现有几个人一起等红灯，再往后，你会发现这个路口的人都开始等红灯，整条街道的人都开始等红灯。你就成了遵守交通法规的源头，成了这个城市守护交通的源头，你是那个正能量的源头。"

"过不了多久你就会拥有驾驶证，你就可以开着车去送你的孩子上学，你再也不用担心他是否会冷、会热，因为你给了他保护。可是这个前提是要让他安全。如果学车学不好，会让整个家庭都为你闹心，即使仅仅是一个小剐小蹭。这也是一份正能量的传递，所以你不是一个人在这学习，你是在为你整个家庭的平安、和谐、幸福而学习。"

这就是燕赵驾校逐步引导式的开学第一课，当学员都意识到自己是交通安全的守护者时，学车态度就会发生变化，以一种积极、认真的心态对待学车。

在开学第一课上，老师们还会和学员一起探寻人生的意义，如果你一旦选择学车，驾驶就成了人生的一部分，就和人生的意义连在了一起。也许你的人生有些平淡，但驾驶将让你的人生具有意义。有些人会觉得，开车和人生的意义有啥关系，这也太矫情、太牵强了吧？

老师会问学员："如果你能一生开车无事故，是不是就给你的人生增添了一份谈资，增添了一分意义？如果你能安全开车做好示范，家里的孩子是否会有样学样，有形学形？父母影响下一代，不仅仅是我们常说的教育，让孩子看你怎么开车也是一种教育。不光是技能的教育，也是品德的教育。"

也许学员们从未想过，安全开车也是爱的表现。在燕赵驾校，爱无处不在，老师会告诉学员："如果你是一名优秀的驾驶员，你本身就是爱，一把方向盘就是一把爱，一次车辆启动就是一次爱。"

开学第一课，老师们总能让学员铭记一生并发现崭新的意义。

04　安全文明宣誓

驾校是交通事故的第一道防线，开学第一课是这道防线的起点，安全文明宣誓是这道防线的最后一道关卡。邢海燕最关心的要数拿证前的安全文明宣誓了，燕赵驾校每次的安全文明宣誓都是一次洗礼，每期安全文明宣誓都是一次文明出行的公开宣告。这是她过问次数最多的一个环节，足以看出她对这一关卡的重视。她说："在这最后一关，我们一定要给学员再次种下安全的种子，让这颗种子在他心里生根发芽，让安全一直贯穿他的整个驾驶生涯。"

宣誓完成也就意味着整个驾驶学习过程结束。宣教老师深知自己责任重大，每次安全文明宣誓都全力以赴和一波又一波学员互动。邢海燕要求把宣誓环节变成一次精彩且深入人心的小课堂。

为了确保安全文明宣誓效果，一波 20 人左右，如果一天考 400 人，就要不停地讲 20 次。

期间，宣教老师会给大家讲，马上就可以开车上路了，开车最容易遇到的一个问题——"路怒症"。宣教老师引导学员，平和地面对这个世界，保持平静心态驾驶车辆。也许每天都会碰到让你发怒的事情，学会把心放平静，避免自己出现"路怒症"，也可以避免刺激别人出现"路怒症"。在学员做出拒绝"路怒症"承诺时，大家都明白了：平息自己的心境，是为了在面对风险的紧急关头，把它化解掉。

宣教老师引导学员："只要平安到家，比什么都强。你安然无恙，不受任何损失地到家了，这才是家人最希望看到的。一旦你有哪天想发怒，想飙车，想抢道的时候，你就想想为了一家子的幸福，你要怎么办？"

学员也明白了：平安驾驶是为了自己的成就与幸福。

当学员握拳过肩，面向宣誓词庄严宣誓时，声音是如此豪迈，铿锵而又朴实："我即将成为一名中华人民共和国机动车驾驶人，在此庄严宣誓，我将自觉遵守交通法律法规，遵守驾驶操作规程，服从交警管理和指挥，谨慎驾驶，文明行车，积极维护有序安全畅通的道路交通环境……"

燕赵安全文明宣誓环节

　　宣誓完毕后，宣教老师告诉每一位宣誓的学员："宣誓容易，难在坚守。今天我们承诺了自己的誓言，明天我们要化为行动，时刻牢记我们是影响中国交通的一分子。"

　　酒驾内容是安全文明宣誓的另一个重要环节。

　　我国的法律规定，血液中的酒精含量小于 20mg/100ml 不构成饮酒驾驶，20-80mg/100ml 属于饮酒驾驶，大于 80mg/100ml 属于醉酒驾驶。

　　每当这个时候，学员都会异口同声："开车不喝酒，喝酒不开车。"

　　在学员马上离开校园的最后时刻，驾校还在谆谆教导"交通安全意识"，丝毫不放过任何一个给学员"扎安全心锚"的机会。

　　简短的宣誓环节，让学员继续浇灌心中那颗交通安全的种子，在以后驾车时能文明行车，真正成为中国好司机。

　　安全文明宣誓尾声会发放"实习标志"和《结业证书》，手持结业证书的学员们在"我们毕业了"的高呼声中，奔向燕赵驾校形象墙合影留念。

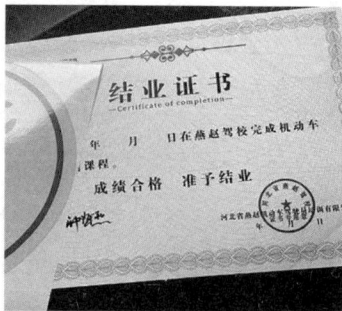

结业证书

05 现场急救课

我国是一个自然灾害频发的国家，加之人口的老龄化，人类危重急症和意外伤害事故的发生均呈增加趋势。由于群众性院外急救环节薄弱，事故导致的死亡率非常高。交通事故尤其严重，根据多个国家的统计数据显示，90%以上的交通事故责任在于驾驶人。如果受伤人员得到及时救治，会大大降低死亡率。现场急救已成为挽救人类生命和保护人类健康的重要的措施之一，燕赵驾校现场急救课就是在这样的大背景下启动的。在社会上普及现场自救互救知识，加强院外急救工作，十分重要，多一个人学习到，就多一个人得到救治，关键时刻可能就会救人一命。

现场急救课分为自救、互救两个环节，学员学会一招就能救人性命，所以老师教得格外认真。

学员刚进急救课堂时，看到地上躺着几个模型人体还有点紧张，当他们明白了现场急救是救命的第一招，科学自救、互救是保命招数时，就对现场急救课来了兴趣，从开始的紧张到大胆演练。

老师说道："现场急救课是尊重生命的一堂课。可以维持、抢救伤病员的生命，减轻事故伤亡人员痛苦，尽可能防止并发症和后遗症。例如：当受伤人员停止呼吸和心脏骤停时，用人工呼吸和胸外按压进行急救，可以暂时支持患者心跳和呼吸，以免患者的大脑及身体发生不可逆的损害。"

每一个急救项目在老师示范完毕后，都会让学员实操一遍，重点在常见常用的心肺复苏术、外伤处置四项基本技术（止血、包扎、固定、搬运），要求学员必须掌握。外伤处置，不光是交通事故可以用到，在日常生活中也非常常见。所以，不管外伤的轻重程度，掌握好外伤处置，可以预防失血性休克或产生生命危险。

授课老师说道："对学员教学负责，就是对学员生命负责。"

有些学员自己学完后，还会分享给朋友、家人。

06　免费陪练课

在驾校里，很多时候，学员拿到驾照就是学车的终结，几乎不再和驾校发生联系了，即使有联系，顶多也就是亲戚朋友有报名的介绍一下。这就导致一些驾校毕业的学员，拿到驾照后不敢上路或者不敢在闹市区开车的尴尬现象。很多人会选择在家人的陪同下，进行闹市区驾车再学习。

南京市交管部门曾经做过一次交通事故伤亡数据分析，一年内，新手驾驶事故率是其他事故率的 4 倍，发生事故比例最高。即使在家人的陪同下练习，车辆和陪练老师的不专业也会经常导致事故频发。

然而，燕赵驾校会邀请学员返校参加活动，甚至毕业 3 年的学员都寄来感谢信，这是驾培行业里非常罕见的互动和链接。燕赵驾校开设了很多课程，其中最实在的一项福利，要数拿到驾照后的陪练了。学员报名时会拿到一个精美信封，信封里装的是一个陪练证明卡片。当学员拿到驾照后，凭这个精美的卡片可以参加免费陪练。

陪练项目都是考试项目以外的驾驶技术。驾校提供免费的陪练车和陪练老师，拿到驾照的学员可以自己选择陪练地点。

所有的陪练项目均是在市区道路进行，陪练期间，陪练老师会教给学员防御性驾驶技巧，包括各种闹市区变道、掉头、避让障碍物等实战技能，以此锻炼学员车距感、空间感。

这无关利益和成本，从始至终，一切为了安全，这是所有燕赵人的誓言。

07 粮草先行

古代行军打仗讲究兵马未动，粮草先行。这在燕赵驾校落实得非常到位，具体体现在服务上面。

为了确保学车环境，燕赵驾校为每辆车配备了消毒液、消毒湿巾、普通湿巾，消毒设施一应俱全。学员只管放心练车。

在大部分驾校学车都是枯燥的事，而每一个来到燕赵驾校的学员都忍不住发出惊叹，我们来具体看看燕赵驾校是怎么做学员服务的。

北方的夏天异常炎热，虽然校园处处有林荫，教练车空调开放，教练车上配备了遮阳车伞，学员还是会口干舌燥。学员练累了、渴了，一般会自己买水喝或者提前带水喝，这再正常不过，但是在燕赵驾校，当学员想要喝水时，教练已经把驾校的定制水递到了学员手边。当学员感觉喝水味道太单一，想要喝饮料时，教练会告诉他："来，我们休息一下，我带你去吃西瓜，驾校在六、七、八月都会采购沙瓤大西瓜免费让学员吃个够！"

一个学员边吃边笑着说："在燕赵驾校学车才知道，没有西瓜的学车经历是不完整的。"

西瓜解渴又降温，是非常不错的消夏水果，当然绿豆汤更是必不可少的。入暑以后，驾校食堂每天都会供应降暑绿豆汤，不限量供应，随喝随有。

一个学员练完车了，走到冰柜前习惯性地拿出了一个雪糕，边吃边走，一边吃着雪糕一边给朋友打电话："你推荐的这驾校真不错，贴心的服务让我感觉不是在学车，感觉像是在度假哦。还免费供应雪糕，我最喜欢吃巧克力味的，你知道吗，我今天都吃了好几个了……"

考虑到学车太热，学员连去拿雪糕也懒得拿，教练就会每天定时扛着一箱雪糕，到训练场追着学员免费发放，为学员送去清凉。

驾校里还有免费餐食，如果学员想在驾校用午餐，教练会提供餐券，食堂将提供丰盛的菜肴和水果。

一个学员听到教练邀请他去食堂吃午饭，整个人都惊呆了。

面对学员的诧异，教练已经习惯了，他微微一笑："走啊，是真的，这是驾校给学员的福利！"

学员反应过来后，拨通了家人的电话："不用等我了，我在驾校吃，教练给我饭票了，跟着教练免费吃大餐去啦！"

燕赵驾校的这些福利不光深受学员们的喜爱，员工们自然也不例外。

西瓜、绿豆汤、雪糕，是燕赵驾校的"夏日三宝"。

一个员工说道："我在燕赵驾校工作已经6年了，每年这个时候都会发放一批防暑物资，都不用另外去超市购买了，驾校对我们这些一线教练的关心，我们感到很暖心。"

正在教学的王教练发出感慨："驾校不但给我们配有绿豆汤、西瓜、雪糕，还给我们每个车配上遮阳车伞，每年还都发放一大堆防暑物资，不好好教学员都对不起这些福利！"

后勤部主任说："一入夏，

燕赵食堂

教练车配备遮阳伞

户外热浪袭人。教练坚守在自己的岗位上，不畏酷暑，耐心地为学员指导练车。为应对酷暑天气，保障教练高温作业安全，邢总每次都提醒我们做好防暑措施，安排我们要为一线员工撑起'清凉伞'。夏季来临之前，我们会采购洗护用品、毛巾、口罩、卫生纸、退热贴、晕车贴、硫黄皂、风油精、冰袋、花露水、创可贴、藿香正气水等物资，发放给教练，帮助大家安全度夏、清凉度夏。"

除了发放实用的防暑保障物资，给一线教练送去夏日清凉之外，驾校每年的六、七、八月，还会给教练们发放防暑津贴。

邢海燕说："在最热的季节，这些坚守在户外作业的教练们非常值得我们尊敬，我们做的这些点滴，不仅仅是慰问和关怀，还有敬意，他们值得我们致敬！"

08　晴朗的雨天

北方城市在夏秋之际，下雨天较多，石家庄更甚。

石家庄的交通限行和北京是一个标准，到驾校学车的学员偶有家人接送，但大都还是选择乘坐公共交通或骑行自行车、电动车。

夏秋之交，石家庄的天气变得很快。早晨还艳阳高照，不一会儿可能就雨如盆倾。但是在燕赵驾校学车是没有学员为下雨而担心的，除了有10分钟一趟的地铁口摆渡车，每当下雨时，教练、班主任，会争先恐后给你送雨衣。

每当下雨时，在教练车上、客服中心、门岗、报名大厅等所有学员出入的地方都会迅速出现免费雨衣，供学员使用。

突如其来的大雨和意料之外的免费雨衣，配合得那么默契。于是有学员发朋友圈：学车的雨天竟然是一个"晴朗"的雨天，我被暖到了。

不管是本校来练车的学员，还是外校来考试的学员，都会收到这个雨天的温暖。

有人说本校外校都免费发，成本有点大呀！邢海燕说："外校的学员当初没有选择我们，这次给了我们一个可以服务的机会，我们应该感谢他给了我们一个这样的机会。我们要想的是如何感恩他们，如何服务好他们。其他的一律不想！"

有时候，外校参加考试的学员以为只是给本校学员发放，会不好意思去领，有员工看到就会马上主动给外校学员送上。

燕赵小雨衣

如果下雨较大，通往驾校的胡同内会形成积水，邢海燕会特别关心积水是否及时清扫，接送学员从大路到驾校的摆渡是否正常。从大路到驾校，虽然只有很短的距离，只要有雨雪天气，驾校都会为学员摆渡。

09 一起燃起来

燕赵驾校特别喜欢给员工过节，也特别喜欢邀请学员和员工一起过节。除了有特殊意义的法定节日以外，燕赵驾校还设立有一些别出心裁的其他节日。其中，盛大的烧烤节是学员和教练每年最期待的。

烧烤节几乎不需要邀请，只要定下日子，所有人都会安排好自己的时间，准时出现在现场。烧烤节当然少不了让人流口水的烤肉、烤串、烤全羊等各种美食，当然也离不开啤酒助兴，很多教练此刻都变身为"烧烤大师"，边烤边给别人讲烧烤心法：烤到四五分熟的时候，撒上孜然粉和胡椒。

肉串被烤得吱吱冒油，肉还没烤好，香味已经飘到了上空，让人垂涎三尺。每个烤炉前已经有很多人排队等着出炉了。教练一会儿加炭，一会儿刷油，一会儿加料，忙得不亦乐乎。在烧烤节现场，每个人都"矜持"不到3分钟，就放飞自我，开始盛夏狂欢。那一刻，学员、家属与燕赵人，分不清谁是主人谁是客人，每个人都像主人一样热情奔放，尽情欢乐。有音乐，有美食，有朋友，当然还有节目。烧烤节时的教练和平日里的教练似乎不是一个人，此刻的他们化身歌手、吉他手、魔术师、相声演员、舞蹈演员，竟然还有教练能表演武术或杂技，不明真相的人看到如此丰富多彩的节目，会以为这是艺术团在表演节目。

几乎每次都会发生教练的节目被学员抢了的情况，有的学员会给正在台上献唱的教练送上鲜花，有的学员会上台和教练一起奔放。更"过分"的是，还有学员上台抢教练的话筒，自己放声开唱。

烧烤都是驾校自己采购原料，自己动手烤，每次烧烤节都会涌现出一批"烧烤大师"出来，他们不但热衷于烧烤，还热衷于"带徒弟"，有些学员没动手烤过羊肉串，非得自己体验一把。当教练耐心地把烧烤要点讲给学员时，学员说道："这咋比练车还难弄嘞？"结果可想而知，一通乱烤，学员体验完了，串串也完了，烤煳了！为了证明自己的手艺着实不一般，学员绝对会把又煳又黑的串串拿给教练吃。这个时候，教练总是会皱着眉头凝视着那几根肉串，装作很淡定的样子，一口一口地品尝美味。实在憋不出夸奖表扬的词语，只能用行动来证明自己教学员烤串教得非常好，闭上眼吃吧。也许糊了的串串真的很香。反正每次这个时候教练嘴里只有一个字：香！然后两人会意地哈哈大笑。

每次的烧烤节都是在下午，美丽的夕阳总是要落下，美好的时光总是短暂。每年烧烤节，学员、员工都会在"吃嗨了""玩嗨了"的感叹中，恋恋不舍地分别。烧烤节不仅仅是味蕾的享受，是师生的互动，还是一段美好的回忆。

我们最喜欢的回忆是儿时的玩伴，抑或是儿时的游戏，年轻人的心更是如此，也许他们根本就不想长大。从燕赵驾校举办的水枪大战就可以看出来，这种儿童的游戏，学员们玩得十分兴奋。

"好凉快啊！""冲啊！"水枪大战中，呐喊声此起彼伏，大家一起扛着水枪向对手进攻，只见水花四射，飞溅在脸上、身上，各种爆笑画风层出不穷，欢笑声回荡在驾校。清凉无比的水枪大战让驾校员工和学员好像又回到了童年。

水枪大战结束后，很多学员纷纷表示，和教练一起参加水枪大战狂欢，不仅清凉解暑，还找到了与众不同的快乐，真是一个别样的学车旅程。

10　奔跑吧，少年

高考生、大学生市场是驾培行业的必争市场，驾校几乎都要在暑假期间开设专门的低价学生班，以吸引学生和家长报名。在这个市场拥有绝对占有率的燕赵驾校，却反其道而行之。重点不是做吸引，而是把重点放在了服务和交付上。

每年的高考季，燕赵驾校都会有一个"助力高考，为梦想护航"大型公益活动启动仪式。

在这个启动仪式上，邢海燕定向非常明确："马上到来的高考季，给我们提供了一次实现自己价值的机会。这些高考生都是将来的国之栋梁，我们今天为他们做一点点事情，不仅仅是为他们个人，为他们家庭做贡献，也是为我们国家未来做贡献……这段时间，我们要全力以赴做好高考护考公益活动，为他们的梦想保驾护航。你不要想能不能带来招生，不要想能不能带来收益，就只想能不能再做点什么？我对你们唯一的要求就是：驾校出钱、出物、出资源，你纯粹地做一次没有任何功利目的、不求任何回报的公益！"

很多高三教室都会手写或张贴一个高考倒计时标志，以提醒高三学子们决赛时间越来越近了。为了便于学生们更好地利用高考倒计时，燕赵驾校每年都为高三年级捐赠自动智能倒计时设施。他们为孩子们提供便捷的倒计时，同时也为自己即将要进行的高考公益活动开始倒计时。高考进入倒计时后，"助考指挥小组"就会定期商讨助力高考的活动内容及进度，根据每个高中的情况提前规划助考方案，以使助考活动能够最大化发挥助力。

为了能让各位考生和家长安心备考，燕赵驾校组织专人编写了《高考备战手册》，内容包括备考期间如何进行营养食谱搭配，如何合理地安排日常起居，如何让考生能够以最好的状态参加考试。燕赵驾校的员工会将《高考备战手册》发放到学生及家长手里。

每年的高考助力活动内容都不一样，但目标都一样：给拼搏中的高考学子们加油助力。

高考前夕，家长都会为孩子购买专用的考试文具，但是对文具的甄别和购买渠道参差不齐，有可能会买到不合格的文具，而影响孩子高考成绩。

在例行的高考公益会上，一场关于文具的辩论正在进行。有人提议给学子们统一提供文具，这样免去了家长购买的麻烦。

有人说："高考人数众多，这个成本太大！"

更是有人直接反对："高考是学生寒窗苦读十多年的一次竞赛，提供文具，到时候文具如果出了问题，我们承担不起这个责任，会花钱不讨好。

虽然我们是免费提供的，但是也跑不了干系。"

后来，经过激烈讨论，大家达成一点共识：为学子提供文具是一件皆大欢喜的事情，做公益，费用的话，文具店老板肯定会优惠一些。那就只剩下一点了：如何确保文具质量？

在经过询问学生和学校老师后，大家得出结论：常用的高考文具有两个品牌，这两个品牌的文具是完全可以满足高考需求的。燕赵驾校最后确定了其中一家大型文具公司的品牌，然后派专人找到该品牌省级代理商，从省级代理商直接采购，采购完毕后分开封存，然后捐赠给高考学子们。

学生们收到的文具包里，没有传单和宣传用品，但是有一封专门写给他们的鼓励，这是一封邢海燕写给学子们的信，因为她也曾经像他们一样经历过备战高考，她知道他们此时的心情。邢海燕希望孩子们明白：高考的竞争既是压力和挑战，也是机遇和希望，成功永远属于战胜自我的人。勇敢向前奔跑吧，少年！

这封信，是鼓励，是期许，是一份对未来国之栋梁的期待。

高考学生在报考或学习、复习期间，需要打印复印一些文件、身份证、模拟试卷、作业等资料，但是并非每个家庭都有打印复印设备。为了给高考家长和学子们提供安心的学习环境，为他们节约时间，燕赵驾校特别为高考生推出了免费打印复印活动，并上门取送。

有人说："谁会在意那点打印复印费？"

驾校校长说："高考是人生中一个非常重要的阶段。我们的任务就是助力莘莘学子去不断创造属于自己的价值和理想。推出的这个小服务，并不是为了给家长省钱，主要是为了给家长和孩子创造一个安心学习复习的环境，专心学习就行了。燕赵驾校的护考志愿者始终在你身边，有事招呼一声，马上上门服务。"

高考事关千家万户，是莘莘学子人生中重要的里程碑，燕赵驾校在每年"助力高考公益活动"中都有一个固定节目"致静高考"。

"致静高考"旨在营造一个温馨良好的高考氛围，助力考生圆满完成考试。这项活动期间全体燕赵人都会参与其中。

考前一个月，燕赵"助考志愿队"成立。考前一周，所有燕赵人都成了"助考志愿者"，对考场周边的施工现场、厂区、物流区、广场舞集中区、夜市等进行走访，同时发放大量倡议书，引导市民积极参与"致静高考"行动，一起为考生们保驾护航。

为了避免高考期间交通堵塞，燕赵驾校倡议市民"错峰出行，绿色出行"，倡议尽量避开高考开考前的时段，减轻考场周边交通压力，为考生顺利赴考创造良好的交通环境。每年《致静高考倡议书》发放数十万份，这一倡议得到了市民的热烈响应和参与。

燕赵驾校《致静高考倡议书》考虑得非常周全细致：

为莘莘学子营造一个安静舒适的学习、考试和休息环境，是家庭、学校、社会共同的责任和义务。为此，燕赵驾校倡议：

（1）学校附近跳广场舞的大妈大叔们，希望你们能停跳一个星期，或降低音响音量；

（2）望各位家长多抽时间陪陪孩子，给他们温暖，多跟孩子说说话，给他们减压，多为孩子饮食操心，给他们充足的营养；

（3）敬请各位市民在小区和楼道放轻脚步，不喧哗，给孩子充足的睡眠。在学校及周边不吵闹，不鸣笛；

（4）建筑工地尽量不要进行有噪声的作业；

（5）请广大非接送考生的交通参与者尽量选择公共交通，绿色出行，遇到学生过马路请主动停车避让；

（6）经过考点附近时请减速慢行，并尽量不要鸣笛，公共汽车尽量不用扬声器，减少噪音；

（7）遇考点周边道路临时限行，请给予理解和配合，服从交警指挥自觉绕行；

（8）驾车人员在遇到考生出行困难时，请尽力予以帮助；

（9）如有家长朋友驾车接送考生，请您在送完考生后，务必及时将车辆驶离考场；

（10）在夜间行车进入或经过小区时，尽量减少鸣笛，给考生们一个安静的休息空间。

希望通过共同努力，给考生营造一个安静温馨的备考、迎考环境，让考生们好好复习，安全出行，顺利应考，正常发挥，成就他们的梦想，成就每个家庭的希望。

燕赵驾校助力高考公益活动最壮观的时候，是每年高考那3天，100多名燕赵志愿者和100多辆车组成的"高考志愿者雷锋车队"活跃在高考考场周围。

考生和家长如果有用车需要，可随时拨打助考热线寻求帮助，也可根据需要提前预约上门接送或随机就近上下车，以解考生和家长的燃眉之急。此举深受家长喜欢，纷纷把"高考志愿者雷锋车队"推荐给其他家长。

护考志愿者还在高考现场为高考家长提供休息场所，为家长及学生不限量、免费提供矿泉水、纯棉毛巾、雨衣、雨伞、湿巾、纸巾和防暑用品。

很多家长没想到的是，竟然有人给他们提供大西瓜。家长们一边吃着西瓜，一边听着志愿者给他们加油打气，笑称："燕赵驾校不但为我们送上一片清凉，还送上了一片安心。"

石家庄当地的高考生每年暑假报名学车，几乎都会选择燕赵驾校。用一位家长的话说："我们周围的孩子都是来燕赵驾校学车，把孩子交给燕赵驾校，放心。燕赵驾校不但教给孩子学开车，还教孩子学做人。和考驾照相比，孩子在这里的成长更吸引我。"

最近一次暑假高考生特训营之《有备而来，未来可期》是燕赵驾校联合石家庄市委文明办、市志愿服务联合会主办的，颇受家长和学子们欢迎。

燕赵驾校邀请了来自爱丁堡大学、北京大学、清华大学、香港科技大学、同济大学等国内外顶尖大学的学长学姐，给大家分享生活学习经验，并为即将进入大学的学弟学妹答疑解惑。

特训营活动的负责人说："这些孩子即将离开父母进入大学校园，在他们学车之余，我们给他们提供一些经验和知识，这样他们就能顺利走过这个过渡期，燕赵驾校作为一个有梦想的企业，我们愿意陪伴有梦想的学子们在成长中迈向精彩的大学生活。我们会让孩子们知道'你因成长而光芒，燕赵驾校因你更美好'！"

分享者的分享内容、素材等都是大学生们自己整理的，这对分享者来说也是一次体验和成长。一起来看看这些学长在训练营分享的内容，你会发现个个都是"王者"：

分享主题：《学得尽情，玩得尽兴》 分享人：北京大学 戎子艺

自我介绍：北京大学学生会权益提案部部长，北京大学定向运动协会团支书，燕赵驾校优秀学员。

分享内容：（1）学习不是目的，学习只是让自己优秀的手段；（2）北大学霸教你如何玩出精彩大学生活。

分享主题：《多一些细节，你的成果会更棒》 分享人：同济大学 郭子健

自我介绍：上海同济大学优秀班干部，燕赵驾校优秀学员。

分享内容：（1）学会那些不得不知的细节让你顺利适应大学生活；（2）细节决定你的大学生活质量，会让你的成果更棒。

分享主题：《思维一变，大学生活精彩10倍》分享人：天津大学 李欣然

自我介绍：天津大学本科生，获得十余项竞赛奖，申请有发明专利，天津市三好学生，燕赵驾校优秀学员。

分享内容:(1)从高中生到大学生,最重要的不是环境变化,是思维变化;(2)思维不变,大学不成长;思维一变,大学生活精彩 10 倍!

燕赵驾校这种"学长驾到"节目,高考生都特别喜欢,一个正读大学,一个即将读大学,他们是同龄人,加上身份相近,让他们有了共同语言。整个活动期间,学长用心分享自己的经验与思考,他们清晰的思路、真实的体验给高考生们提供有用的支持和及时的帮助。

北大学姐正在给高考生们分享

在学长学姐给高考生们分享大学生活的趣事与学习经验的同时,燕赵驾校还邀请了高考规划老师讲解怎样选择高校和专业,并结合相关案例引导他们如何学以致用及报考志愿。

一个高考生表示:"这样的学习能够让我们提前感受到大学生活的乐趣与规划,真是一个快乐且成长的学车之旅。"

另一个学生说:"对于即将步入大学生活的我们来说,这样的分享太有必要且太及时了,没想到在燕赵驾校学车还有这福利。感觉买了芝麻送了个大西瓜啊。"

除了"未来可期，有备而来"训练营，燕赵驾校又专门针对高考生开设了青少年成长专项训练营。由成长大学校长担纲组织，抽调成长大学资深金牌讲师，组建了高考生专项训练营讲师团。

专项训练营精心设计的课程包括：学车前的定向、车辆应急处理、人车合一基本技巧、法律课堂、事故案例与安全意识等。

一个学员在学习完快捷换轮胎后，跟旁边的同学说："驾校这个换轮胎专业课，我感觉特别实用，我妈都开车好几年了，还不知道咋换轮胎，在高速上要是轮胎没气了需要更换，那可就傻眼了。"

燕赵成长大学的负责人说："燕赵驾校是一个有灵魂的驾校，作为中国驾培使命发源地，邢海燕董事长作为一个从业20多年的驾培人，一直对高考生的培育培训特别重视。我们开设这个课程，是想在高考生学车的同时，给他们提供一个对个人成长和安全驾驶更有用的课程。高考生这个群体是国家未来的栋梁，我们有义务有责任激发他们成为有担当的新时代年轻人。"

参与训练营的一位学员表示："驾校不仅教我们如何负责任地学车、开车，还教我们如何负责任地学习、成长，其实这是在教我们学会负责任的态度。"

另一位同学说："我感觉燕赵驾校简直太负责任了。教我们如何和人接触，如何待人接物，简直是一所不可思议的驾校。"

燕赵驾校把高考生专项训练营，视为一次陪伴，一个加油站，一次关乎生命的训练。除了驾驶技能的培训，还让学员带着快乐和活力，以负责任、贡献、有爱的态度来度过学车旅程，促进学员成长。

训练营的一个讲师说："我们教会孩子坦然地面对大学生活，我们整个讲师团都觉得这是一件非常有意义的事情。"

11　星星的孩子

燕赵驾校的教练总能遇到各种各样情况不同的孩子。

其中一个孩子的故事让我印象深刻。报名时，妈妈带着孩子来到驾校。妈妈反复叮嘱教练要好好照顾自己的孩子。

原来，这个孩子是一个自闭症患者，不和人沟通，妈妈担心孩子学车会遇到障碍。

开始上课后，驾校已提前为孩子安排好当日课程，教练坐等孩子来时，客服接到了妈妈的电话："麻烦您看一下我家孩子到了吗？他是第一次坐公交车，我因为还要上班，没去送他。"

客服确认孩子到校后告知了妈妈，并对妈妈说："以后孩子出门时您跟我们说一下，孩子到了我们跟您也说一下，孩子回去的时间我们也会随时跟您同步。"同时，客服把孩子的情况跟教练做了同步，教练除了和客服、家长同步上课、下课、到校、离校时间，也和孩子有意识地多沟通他感兴趣的一些事情，并针对孩子情况制订了个性训练计划。

对孩子来说，这段学车之旅是开心的，顺畅的沟通和贴心的关怀让孩子开始敞开心扉，和教练的对话开始多了起来。从考完科目二开始，妈妈就惊奇于孩子的变化："一向不与人沟通的孩子，竟然越来越阳光，越来越活泼。"到了科目三训练时，谁见到都说孩子像变了一个人似的。拿驾照的时候，孩子已经与教练成了无话不说的朋友，妈妈也与教练、客服成了朋友。

毕业后不久，孩子到驾校来看望教练，同时告诉教练自己的喜事："我去体校上班了，现在是体校的一名老师。"教练可以感受到，他很喜欢那个工作，那里的同事也都很喜欢他。

又过了一段时间，这位学员又给教练带来一份礼物，告诉教练："我谈恋爱了！"

后面的故事，不用说你也知道，估计过不了多久就是：我们结婚了，我们生孩子了……

我们常把自闭症患者称为"星星的孩子"，他们像遥远星辰那样，在夜空中独自闪耀。他们在社会交往等方面总是令人着急且无奈，他们无法很好地融入大众群体，甚至被人们嫌弃而显得孤独无比。

在燕赵驾校这个让爱流淌的家园里，他实现了自己美好的梦想，并且发现了身边的爱与美好。他从燕赵驾校走出自己封闭的世界，恢复了正常孩子的生活，感受到了这个世界的缤纷和美好。所以他不再孤独。他曾经是来自星星的天使，在燕赵驾校暖化他的孤独后，他开始散发属于自己的光芒，拥抱着每一个美好的今天，向往着更好的明天。

12 走出低谷

每个人都有可能遇到自己低谷的时候，有人能自己走出来，有人需要在别人帮助下才能走出来，让每一名学员"来时比走时好"的信念始终在燕赵驾校坚守，类似的故事时有发生。

邢海燕听到办公室外有敲门声，打开一看，是一位素不相识的女性，她说自己是一名学员，要找董事长。

邢海燕以为是要投诉，赶紧把她迎到办公室，询问发生了什么不愉快的事情。

女学员说自己正在驾校学车，想和董事长谈谈，当邢海燕做好准备听她诉说时，她讲述了自己在燕赵驾校的学车故事。

女学员说，一年前，她的丈夫因意外去世，留下她一个人孤苦伶仃。

这一年里，她始终沉浸在丧夫的痛苦中不能自拔，把自己封闭在家，不打扮，不逛街，甚至不照镜子。看不到任何希望，这一年来过得一塌糊涂，感觉生活和生命都没有意义。

一个偶然的机会，她遇到一名燕赵驾校的教练，在教练的劝说下，她觉得自己反正在家也无所事事，就报了一个名，成了燕赵驾校的一名学员。

在燕赵驾校学车期间，教练、客服对自己关怀备至。她说："燕赵驾校的教练们让我看到了还有那么一群人在热心地服务着我，我终于意识到，并非自己没人关心，并不是世界孤立了我，而是我孤立了这个世界。从在燕赵驾校学车的那一天起，在教练的鼓励下，我开始尝试走出原来那个被我封闭的糟糕世界。刚开始不但不适应，还有些抵触，在与教练的一次次沟通中，我那颗麻木的心开始有了松动……在燕赵驾校学车期间，我自己冰封的心门开始敞开，也开始愿意与他人交流，快乐、开心的经历，让我找回了生活的热情，是燕赵驾校的教练暖化了我心中的冰块，我过来就是要感谢感谢教练，感谢驾校。我觉得燕赵驾校给了我一个新的生活，一个新的生命。"女学员开心地和邢海燕说："你看，我今天就是专门打扮了过来的。"

后来，这名在教练帮助下走出人生低谷的女学员走上了工作岗位，开启了另一段幸福人生。每当听到学员在燕赵驾校发生的改变时，都能感受到邢海燕的激动和幸福。

13 加油糖

也许你在很多驾校见过一种叫"逢考必过"的加油糖，这种加油糖在燕赵驾校你也能看到，但是品尝过燕赵驾校加油糖的学员个个都终生难忘。

每次场地驾驶考试之前，无论是本校还是外校的学员，到燕赵驾校参加考试都会经历这个"加油"的过程。这个环节是邢海燕亲自策划的。她深知，学员不仅仅需要一颗加油糖。加油糖只是一个工具，学员来燕赵驾校考试，燕赵驾校除了帮他缓解考试压力，还要让他勇于面对考试结果，特别是面对失败的结果。人生会经历很多次成功，也会经历很多次失败，这次考试只是其中一次而已，不要过于在意。另外，燕赵驾校还要让学员去感受爱，传递爱，让爱流淌起来……

最开始的加油糖活动是邢海燕亲自示范的，此后，她就安排考场主管每次考试前作为一个固定节目定时上演，这个加油环节已经持续了多年，邢海燕若是有时间的话，也会上场。

我们来看看活动的具体流程。

活动现场坐着上百名即将考试的学员，有燕赵驾校的学员，也有来自四面八方各个驾校的学员，邢海燕会问考生："你今天是来做什么的呀？考试的目的是什么呀？"

这个时候，学员的回答基本上五花八门，一些稀奇古怪的回答总能惹得大家哄堂大笑，大家都只顾乐呵，仿佛忘了紧张情绪。

这个问题，邢海燕最终会把每个人的学车目的归纳为：拥有美好生活。

很多学员都会骤然醒悟：原来我学车不仅仅是为了拿驾照，我的最终目的是为了拥有美好生活。

这个时候，邢海燕会引导大家去思考："如果考试不过，会有什么收获？"

"可以多一次检验自己驾驶水平的机会！"

"可以发现自己哪里还需要加强。"

"可以再用驾校的车练练手，不用承担磕碰的损失。"

"可以锻炼自己面对失败的能力。"

"可以继续训练，练的时间长了有可能在驾校找个老公。"

……

你会发现，此刻的学员竟然没人再担心自己考不过了，考试过关或不过关已经不是他们关心的事了，唯一要做的就是好好考试就行了。在邢海燕的引导下，他们认识到：这只是一次锻炼，不光是锻炼驾驶水平，还是锻炼自己面对失败的能力。无论合格与否，自己都会因这次锻炼而收获颇丰。

14　珍贵的来信

所有科目都考试合格后，学员是最开心的，此刻，学员会收到教练的另一番嘱咐。

在燕赵驾校，科目四考试合格后会有专人进行最后一轮安全宣导，在安全文明宣誓会上，一名叫任雅茹的学员收到了一封教练写的信，现场老师说道："雅茹可否给我们分享一下教练写的内容呢？"

"任雅茹，很荣幸成为你的教练，恭喜你的生命中又多了一项技能，离开校园后，燕赵驾校是你在社会上的第一所学校，作为你的教练我感到很自豪，记得你第一次上车时，紧张局促，后来你克服了心理障碍，努力学习成功地考过了所有项目，拿到了驾驶证……祝你今后人生道路上顺顺利利。"

当任雅茹在同学们面前念出教练写的内容时，一幕幕学车的情景像影片一样展现出来，她念着一段段文字，感受着来自教练的关心和叮嘱，流下了幸福的泪水。

能感觉到，她边流泪边读信的同时，心里泛起了开心的浪花。在场每一个人是那么安静，静静地享受着这份幸福，在场的每一个人都能体会到任雅茹的喜悦和幸福，因为他们每一个人都曾经被教练"宠"过，被教练"爱"过，他们知道那是一种怎样的欣喜。这份爱从教练流向学员，学员感受到爱的力量，就会让爱继续流淌。

珍贵的信不光是来自教练，有的来自学员。

一个风和日丽的上午，一位名叫李文的学员带着激动的心情，匆匆地走进客服中心，为她的教练送来了感谢信。信很长，满满三张纸，装在一个信封里，叠得很整齐。一看就感觉写得非常用心，信封也是精心封装的。信写得很动情，他们之间的学车故事感染了很多人。

李文在感谢信中写道：我今年51岁了，年龄大，又是女同志，报名时自己非常忐忑，对学会驾驶的渴望让我勇敢地来到了燕赵驾校。在教练的帮助下，我一步步走来，实在没想到，一步一个惊喜，每一步都凝聚着教练的心血。我记忆力差，眼睛也花了，手脚配合一点也不灵活。最容易出现的一个现象让我自己都恼火：今儿个学了，明儿个忘。

我的着急、焦虑，让我越练越差，心里很难受，一度对自己失去了信心。

教练感觉到我与日俱增的压力，一直鼓励我："姐，咱不着急，功到自然成，记不住咱不怕，咱就多练。我保证教会你，并且保证让你学到真本事，顺利过关！"然后，教练又从一招一式开始，一遍遍地重复、一遍遍地教。

8月正是最热的时候，汗水把教练的衣服湿透了一遍又一遍。他根据我的具体情况随时调整教学方案，逐渐让我克服了心理障碍。不知不觉间，我的焦躁情绪竟然不见了，开始享受学车的快乐和进步，心里有的是踏实和自信。

在学习过程中，教练专门成立了一个学习小组，让我们一个小组的同学鼓励我、帮助我，现在学完了，我也交了好多朋友，非常开心。教练们阳光、积极、乐于助人的风范让我有了成长，让我学会了勇于面对失败，正向调整自己的情绪。将来我也要用积极的心态去影响身边的人，让他们因为我而更加阳光。

燕赵驾校经常收到学员的珍贵来信。

另一位学员来信说：作为一名学员，没有什么比遇到一位好教练更让人高兴。我的教练谈吐间给人爽言快语、清脆活跃的感觉，几句话就能聊开，也许这就是我的学车历程比较轻松的原因，虽然我练车时离合控制不好，总是熄火，搞得我非常恼火，但教练很快就帮我调整好了心态。

学员楚瑞芳的来信这样写道：我的教练就像大哥哥一样，让我从开始对开车就兴趣盎然。短暂而轻快的学车时段已经结束，将来无论我驱车海角天涯，都不会忘却燕赵驾校学车之旅，不会忘记我的教练。

学员刘丽来信说：我顺利地通过了科目二考试。距离领取驾照更近一步了。感谢燕赵驾校给我们创造了良好的学车环境，左教练好像有魔法一样，使我在学习中一直感觉顺风顺水，得心应手。他十分有亲和力，谈吐爽言快语。让我在整个学车的过程中一直能处在轻松、融洽的学习氛围中。左教练有着很灵活的教学方式，针对我的困扰灵活选择最优的最适合的驾车技巧，使我能将以前所学知识融会贯通。教练的耐心我是领教了，练习过程中犯错误的时候，虽然我准备好了挨训，但没有等来教练的责怪，而是耐心的提醒教导，他的不厌其烦让我都有些不好意思。之后，我在科目三的考试中一气呵成，顺利拿下。此刻，我正为教练和我自己喝彩呢。

3年前毕业的学员郭莹莹，如今介绍闺蜜到燕赵驾校学车，当她得知自己的闺蜜给教练写了一封感谢信时，说3年前我也该给教练写一封信。于

是立马执笔补写一封信交给校长:

听到我闺蜜考试通过了,有点感慨,3年前王教练教我,3年后我推荐闺蜜到燕赵驾校学车,我果然没有选错人,没选错驾校。

今天我才知道可以夸教练,我必须夸,他真的很尽责,让我做笔记,上课总是在愉快的开玩笑过程中度过,细节到位,很快就能学会,他的厉害之处在于"千人千法"独特的教学方式,我能感觉到他的认真和负责。

之前,我白天根本没空学车,都是晚上有时间,哪天有空,时间也很突然,他从来不找借口,努力帮我安排。

为了迁就我的时间,他经常是晚上10:00以后才能给我上完课,晚上很晚问他问题,他都及时回复,看他朋友圈,这么多年他还是坚持五六点就起床,为只有早上有时间练车的学员上课。

学习过程中他会关心我回家的方式、学习的状态,咱驾校夏天学车还有饮料、雪糕,我至今都记得那个味道。

我是3年前考的驾照,这么多年教练一直在微信坚持早晨发正能量的信息,发驾校正能量的信息,带给学员正能量。燕赵驾校"贡献社会正能量"的一举一动,一直感染着我。

燕赵驾校和燕赵驾校的教练让我看到了责任心,值得学员信任。我能做的就是努力向朋友推荐他、推荐燕赵驾校,因为有他,我更信任燕赵驾校!因为有燕赵驾校,我也更信任他!

15 营销没有秘诀

这一章到这里已经快结束了,很多读者可能已经忘掉了这一章的标题《营销没有秘诀》。对啊,这一章也没有讲营销的内容啊,讲的都是燕赵驾校的服务和对学员的一些关怀。

是的，这就是燕赵驾校的"营销"。你可以说燕赵驾校的营销没有秘诀，你甚至可以说，燕赵驾校压根儿就没有营销。燕赵驾校的核心营销就是把服务和人文关怀做到极致。

什么是最好的服务呢？做服务从来不是给客户提供那种让人难以接受的过分热情，而是为客户提供超越满意的服务。

在燕赵驾校，你会感觉到，他们的服务不仅仅是给学员提供高大上的学车环境，也不仅仅是拿个证，而是亲自为学员定制一个最符合学车方案。在整个学车过程中，无论是训练还是休息期间，都能有一分温馨，一顿午餐、一块雪糕、一件雨衣、一瓶水或者一句鼓励，这都是真心实意地为学员做一些看似"分外"的事，让学员满意之余有意外的惊喜。这样，学员就会乐于给驾校转介绍，有了转介绍，驾校才能有卓越的绩效和利润。

在驾培这个行业，总有人不太明白服务的基本含义到底是什么？如何才能让学员对你的服务都达到满意或超级满意？"服务"的理解，因人而异。有的驾校认为人性化服务最重要，有的驾校主张服务给得越多越好，有的驾校非常重视售前服务，也有人把降价招生说成"服务"，送赠品也说成"服务"。

在燕赵驾校，服务是不是满意只有一个标准：学员离开时是不是笑容满面，学员离开后是不是给你转介绍。这就是燕赵驾校营销之道的终极秘诀。

07

公益路难行

01　白衣天使

燕赵驾校有个固定的节日：护士节。

不是燕赵人过护士节，是燕赵人每年都要给护士们过护士节，这已经成为每年的固定节目。燕赵驾校的人文关怀并不仅仅局限在员工、学员以及驾校的围墙之内，燕赵驾校还投注了非常多的精力用于公益事业，护士节就是其中一项。

每到护士节前夕，燕赵人都会准备鲜花贺卡，在贺卡上写上暖心的祝福，然后奔赴各个医院护士站，把鲜花和祝福送到护士们手里。白衣天使们接到鲜花和祝福，面对的却是陌生人，都很吃惊。

谈到这件事，邢海燕说："这些护士姐妹们，一直在守护人们的生命，她们是人们生命的守护者，就像驾培人在交通领域为人们的生命保驾护航一样。她们是最美的天使！值得所有人致敬，我们理应把这份敬意让她们收到。"

武汉疫情期间，燕赵驾校一直有爱心捐助。

谈到这件事，邢海燕动情地说："这些医护人员放下家人，放下自己所爱的人，去守护那些他们从未谋面的陌生人，他们是伟大的。他们不分昼夜地奔忙，有的不幸被感染，有的甚至献出了宝贵的生命，他们是我们学习的榜样。他们以专业的救治、顽强的拼搏、崇高的精神，给我们带来希望，带来力量，他们不愧为救死扶伤、守护人民的白衣天使，他们用生命守护我们的安康，我们除了感恩他们，也要为他们做些力所能及的事，守护好他们。"

邢海燕得知支援湖北的医疗队"回家"后，心情非常激动，她做了一个决定："全体援鄂英雄免费学车，驾校承担全部费用。"

有人劝她："你先打听一下看看有多少人，你能承受得了吗？"

致敬英雄——全市抗疫英雄免费学车启动仪式

邢海燕摆了摆手："不管多少人，燕赵驾校全部承担，有一个算一个，哪怕今年赔本，我也心甘情愿。他们用生命保护我们，我觉得我们做的这些远远不够对他们表示敬意。"她第一时间拿起电话，亲自联系省、市卫健委，了解相关情况。

为了向英雄表达最崇高的敬意，燕赵驾校联合石家庄广播电视台新闻综合频道、市文明办、市卫健委、市市场监督管理局、市商务局联合发起了"向英雄致敬"公益活动，并倡议全市人民以各种形式向他们致敬。

抗疫英雄，除了费用全免，驾校还为他们开辟绿色通道，邢海燕亲自带团，她抽调教学经验丰富的训练部长制定个性学车规划，派出最精锐的导师级教练为抗疫英雄服务，邢海燕说："要让英雄们在燕赵驾校尊享顶级教练队伍执教的待遇。"

很快，第一批援鄂医护人员到达驾校，办理学车手续。邢海燕特地赶到现场，向英雄献上一束鲜花，以表示对英雄的欢迎和敬意。邢海燕还安排校长率全体管理层与学车的医护人员对接，要为英雄服好务，护好航。

随着抗疫英雄陆续入驻燕赵驾校免费学车，燕赵驾校在致敬英雄公益活动基础上，又推出了"致敬白衣天使"活动，以近乎半价的优惠向战斗在抗疫一线的医护人员敬礼，对全市所有医护人员提供成本价学车便利。

当石家庄电视台新闻频道记者采访邢海燕时，她说："我们非常感恩他们。这次致敬英雄活动，也是我们践行企业使命的表现。燕赵驾校作为中国驾培使命发源地，会将守护英雄的铮铮誓言践行到底。沧海横流，方显英雄本色，我们将奋发有为，主动担当，继续服务更多的抗疫英雄。"

02　雷锋精神

每年的3月5日是中国的学雷锋纪念日，全国各地都会组织学雷锋的爱心活动。

有很多人在日常生活和工作中，常年践行雷锋精神，但他们一直默默无闻地贡献着这个社会。石家庄市文明办组织的"向雷锋送鲜花"活动正是为他们而办。燕赵驾校每年都会和志愿者联合会一起参与这个向活雷锋致敬的活动。

每年的 3 月 1 日都会有一批燕赵驾校志愿者奔赴在全市大街小巷,将一张张荣誉证书、一束束鲜花送给"身边雷锋"。

收到鲜花的活雷锋,既有坚守在抗疫一线的医务工作者,也有为建设现代化、国际化美丽省会城市做出贡献的先进人物;既有社会知名的道德模范,也有甘于奉献的志愿者;既有长期热心公益事业的爱心人士,也有做好事不留名的环卫工人;既有大力宣传石家庄,提升石家庄知名度和美誉度的媒体人,也有凝聚网络正能量,讲好石家庄故事的优秀网民;既有伸援手救人于危急时刻的路人,也有常年为社区居民义务服务的好邻居……

在燕赵员工和众多志愿者的一趟趟走访、一波波致敬中,每年 3 月初的致敬雷锋活动,成了石家庄的一个亮点。束束鲜花,满载着人们对"身边雷锋"的敬意与感谢,让好人感受到了社会的尊重,让市民感受到了城市的阵阵暖流。

又是一年送花日,正在办公室的邢海燕接到市文明办的电话:"邢总,我们马上到你办公室,请稍等。"

当邢海燕迎接市文明办的领导时,方知原来他们是来给自己送鲜花的。文明办的领导说:"我们一起给全市的当代活雷锋送鲜花,不能忘了你这个活雷锋啊。你是既帮助人民,又帮助雷锋啊!你这么多年来的公益事迹全市人民都有目共睹,帮助人民的人是雷锋,帮助雷锋的人更是雷锋。你不但影响着石家庄,还影响着河北驾培发展,带动着全国驾培搞办校理念创新、智慧驾校创新,你是当之无愧的活雷锋。"

从此,每年的 3 月 1 日,市文明办的工作人员都会来给邢海燕送一束"致敬当代活雷锋"的鲜花。

03 一碗爱心粥

石家庄流传着一个暖心的口号"一碗爱心粥，温暖一座城"，这个口号缘起于邢海燕联合捐助的"雪中炭爱心粥屋"。

当别人还在梦中的时候，有一些人为了生活的重担，抑或心中的梦想，已经开始了崭新的一天，而此时，虽然天还没亮，石家庄"雪中炭爱心粥屋"已灯火通明。

在爱心粥屋，每天都有二三百名环卫工人、孤寡老人、残障人士等前来取用免费爱心早餐。

为特殊群体提供的免费爱心早餐，虽然只是一碗大米夹杂着小米熬成的粥，一碗冬瓜、豆腐、娃娃菜、粉条混合在一起的炖菜，两个热腾腾的馒头。可就是如此简单的一顿饭，悄无声息地温暖了这座城很久很久……

出入粥屋的人，有日出前就开始忙碌工作的环卫工人，有需要关爱的孤寡老人、残疾人等。当你行走在忙碌的爱心粥屋外，看到的总是那一抹"志愿红"。在这里劳作的都是志愿者，邢海燕作为石家庄志愿者协会的副会长，对志愿者的奉献精神总是不停发出赞许之声。

每天凌晨 4:00 在寂静无声的城市里，这里已经人头攒动、其乐融融。喷香的早餐按时出锅，在附近工作的环卫工人及居住在周边的孤寡、困难老人陆续来到爱心粥屋。志愿者会引导大家有序领餐，有志愿者依次为大家盛粥，盛菜，发放馒头。

听大家聊天，你就能感到温暖。

一位老大爷说道："一碗爱心粥，暖胃更暖心。"

一位环卫师傅看着面前的早餐，显得格外高兴："一碗香喷喷的炖菜，配上两个热腾腾的馒头，一大早就吃上了热乎乎的饭，这心里也是热乎乎的。我家离我负责清扫的路段有点远，以前经常自带馒头，喝几口水对付一下。现在我每天都能吃上热乎饭，喝上暖心粥了。"

68 岁的李大妈住得离爱心粥屋不远，经常和老伴一起来吃早餐："我们年纪大了，老伴身体不太好，眼下我们能吃口现成饭，还是免费的，真的很感激。"

70 多岁的王大爷竖起大拇指："饭菜干净又好吃，我们吃着顺口，必须点赞。"

以前从来没吃过早饭的王月贞阿姨笑得合不拢嘴："我不是不想吃早饭，是顾不上，以前大清早就开始打扫卫生，从来顾不上吃早饭，现在有了爱心粥屋，每天早晨都能吃上香喷喷的早饭。"

"他们是真辛苦啊，每天起得比我们还早，不仅让我们免费喝粥，对我们还非常尊重，感觉非常幸福。"环卫工人王跃山笑着说。

邢海燕说道："作为城市'美容师'，环卫工人很辛苦，为了这座城市，他们付出了很多，无论天寒地冻，还是刮风下雨，他们总是按时出现在自己的岗位上。等我们上班的时候，他们已经为我们把城市打扫干净了，他们也是社会正能量的贡献者。燕赵驾校不但要帮助他们，还要向他们致敬、向他们学习。他们中不少人吃早餐就是凑合，我们有机会捐助爱心粥屋，为辛勤工作的环卫工人和需要帮助的老人提供免费早餐，是我们驾校的幸福。"

爱心粥屋的善举不胫而走，不少热心市民纷纷加入进来奉献爱心。70多岁的市民王学斌，身体硬朗，成了这里最年长的志愿者。除了下雨天，他天天都准时来，干一些力所能及的活："我虽然年龄大了，但身体还不错，来这儿帮帮忙，心情也好，孩子们也都支持我。"

在这里，无论是就餐者还是志愿者，他们因为爱心粥屋而聚在一起。

邢海燕说："看到每天都能帮助那么多人，我打心眼里高兴。燕赵驾校一直在公益道路上，驾培是我们的事业，公益也是我们的事业，燕赵人会一直坚持做下去，也希望更多热心人士加入进来，让我们这座城市更温暖，一起让爱流淌！"

04　卖瓜

一天，邢海燕看到一位志愿者发送的一条消息：石家庄某镇某村的农民老大哥种的西瓜，因为集中上市，导致滞销。她立即让志愿者找到了瓜农电话，安排人跟瓜农联系。

工作人员联系上瓜农后，瓜农着急得不得了："大概有七八千斤的西瓜已成熟，西瓜集中上市，没有能力一下子卖出去，也没办法储存，要是三天销售不了就得砸手里，这辛苦了半年，要是砸手里，就损失大了！"

邢海燕决定一次性帮瓜农老大哥解决难题，她把滞销的西瓜全部采购了，给学员、教练免费分发。滞销西瓜的事情一下子解决了，帮瓜农避免了损失。她很快就把这件事忘了。

过了十来天，门岗说有个老大爷带着三个冬瓜，非要找邢总。

原来是瓜农老大哥来了，非要亲自登门来谢谢邢总："我这半年的辛苦，差点就泡汤了，当时我是火烧眉毛，急得团团转。亏了邢总帮我解决了困难，光想着来谢谢邢总，也不知道拿啥感谢，这是我自己种的冬瓜，捎过来让邢总尝尝。"

后来，燕赵驾校又帮助李大哥解决了一批滞销冬瓜。农民收完冬瓜后要种麦子，李大哥看到邻居的田里都已经种上了麦子，而自己的冬瓜还等着销售，那么多冬瓜一下子也卖不完，李大哥为了能一次处理完，想以近乎白送的低价卖给附近的加工厂，要不就耽误种麦子了。邢海燕知道后，以市场价把李大哥的冬瓜收购，还派员工去地里帮忙摘冬瓜，租车拉回驾校，作为生活福利分发给了员工。

05 我们的未来

2021 年 11 月 19 日，早晨 6:00，寒意很浓。

这是一个快乐的清晨，燕赵驾校的爱心专车满载一群孩子去做公益。鸟儿在车外叽叽喳喳地欢唱，孩子们像鸟儿一样快乐。

燕赵驾校联合石家庄十三中学开展的这次公益活动是和孩子们一起到山区小学给那里的孩子们送去书包、文具等学习用品。

一路上，燕赵驾校的几位员工的心情被孩子们的热情感染，跟孩子们聊得热火朝天。他们带着一路欢快的笑声来到了平山县王坡乡谷青炭小学。

在这里，他们受到了校长及孩子们的热烈欢迎，当孩子们收到新书包时，脸上洋溢着开心与幸福。石家庄十三中学的孩子们和谷青炭小学的孩子们相互鼓励，相互祝福，现场每个人都能感到孩子们炽热的温度。

正所谓"所见，皆有温度，感动源于爱的守护"。

我们的未来是孩子，邢海燕一直致力于守护好我们的未来。

太行山中段东麓，海拔最高点的山区，有一个村子，村子很小，只有几十户人家，因为偏僻，很少有外来人员到访。

邢海燕专门派人了解了一下这个太不起眼的村子。村子名叫下古道村，很小，只有 45 户人家，170 位居民，地处偏远的太行余脉深处，进村出村都要翻山越岭。

邢海燕安排人带着帮扶物资直奔下古道村："你们把村民们过冬急需的棉被、大米、面粉、食用油等生活用品送到村里，多买些，帮助他们能够顺利地度过寒冬，尤其要关注孩子。"

到了村子里，北风呼啸着自唱自乐，看不见人影，用村主任的话说：本来村里人就少，这天寒地冻的冬天，更没人出来，所以见不到人影。

小村子很安静，也很干净，虽然小，但院子和小街都透着整洁，不难看出村子里的人们对生活的热爱。

一些朴实的村民看着送爱心的驾校志愿者们，搓着双手，不知道该说什么……

村支部书记又拘谨又喜悦地说："这里空气很好，其他就没什么了……你们送的不但有吃的喝的，还有过冬的棉被和生活用品，太谢谢你们啦，俺替俺们村这些贫困家庭和孤寡老人、留守儿童谢谢你们！"

下古道村的公益行，受到了石家庄电视台的关注，也被政府和更多的爱心人士关注。

公益路，漫长又难行，燕赵驾校一直走在这条"只有起点，没有终点"的贡献之路上……

06　邻省抗洪

北方出现连续降雨的概率非常大，特别是山区，一旦出现连续降雨，会遇到山洪和暴雨的双重袭击。有一年，石家庄西部山区就因强降雨出现大面积洪水灾害。

邢海燕每次听到灾害消息后，总是第一时间号召燕赵驾校全体员工积极筹备抗洪赈灾物资。物资筹备妥当后，她会立即带队将准备好的满满一车抗洪赈灾物资运往受灾山区。

在去往受灾最严重的平山县北冶乡清风村和恶石村时，一路上的景象触目惊心，道路和桥全部被洪水冲垮，刚刚抢修的路也仅勉强能通过一辆车，乡亲们的家也都被洪水洗劫一空，吃的用的，全都没了。

救援队携带的 6 吨救援物资都是当地老百姓急需的大米、面粉、鸡蛋、方便面、火腿肠、榨菜、食盐等。老乡们看到救援物资的到来，无助的眼神中透出了希望，脸上也多了一些欣慰。

乡里的张书记和村里的村主任看到运输队和救援物资的到来，抓住运输队员的手，久久没有松开。

洪涝灾害的无情，在于无论你身处何地，它都随时会到来。

2021年邻省河南的郑州、新乡、鹤壁等地遭遇了特大暴雨，一小时降水量达到了200多毫米，一天之内形成了洪涝灾害，且大雨连续下了三天。根据气象部门估算，三天就下了之前一年的雨量，造成了重大的人员伤亡和财产损失。

时刻关注灾情的邢海燕在新闻上看到河南新乡灾区洪涝严重，立即安排专人联系新乡当地抗洪抢险机构，详细了解灾情，并确认目前急需的物资。灾区当务之急是排水，他们抽调了全市的排水设施设备仍然难解燃眉之急！邢海燕对校长说："目前河南新乡的受困群众急缺发电机、抽水泵这样的设备，你联系石家庄所有机电销售商或制造商，务必以最快的速度采购一批优质设备，同时联系货运车辆加急送到灾区。"

校长立刻成立筹备小组，有寻找销售商的，有联系制造商的，有联系货运车辆的，有联系救灾物资接受点及规划行程路线的……

3个小时后，发电机、大型抽水泵都有了着落，邢海燕说："马上装车，马上出发！务必第一时间送达受灾地。"

救援物资于下午4点装车完毕，运送队伍连和仓库人员、装车人员告别都没来得及，马不停蹄直奔新乡。路上除了加油，饭也不敢吃一口，唯恐耽误了抗洪救灾的时间。

在从石家庄去往新乡的救援之路上，他们连夜奔袭，一路看到了同样的物资车辆，路线不约而同地都驶向了河南受灾的各地。"患难与共，风雨同舟""抗洪救灾，众志成城"……车身上的一条条横幅、一句句口号，见证着中国人在灾难面前的强大凝聚力。

晚上 10 时，所有车辆到达新乡。运送队下了高速第一时间就联系救灾物资接受点，刚到现场，运送队就被现场的场景所震撼，车辆到达的时候依然是灯火通明，现场完全可以用人山人海来形容。询问之后才得知，这些都是新乡人民自愿组成的志愿者服务队。

驰援新乡灾区的救援物资正在卸车

校长说："虽然车辆达到的时候已经是半夜，但是志愿者依然坚守在现场，并帮助我们卸下救援设备，志愿者团队高喊'河南河北是一家，感谢河北救援队驰援河南'，燕赵驾校的支援人员不禁潸然泪下。"

在卸完设备后，运送队又询问了现场人员："还需要什么物资，回去后我们会倡议更多的爱心企业和爱心人士参与到抗洪救灾中来。"

现场人员告诉运送队："灾区接收到来自全国各地的救灾物资，吃喝已经饱和。现在紧缺的是皮筏艇、电机、水泵等，把困在灾区的受灾群众转移出来才是关键。"

在了解到当地住宿资源紧缺后，为不给灾区添麻烦，燕赵驾校运送队一行人连夜赶回，并于凌晨 5 点安全抵达石家庄。回到石家庄后，邢海燕就通过各种渠道发出倡议，倡议大家急灾区之所需，尽量驰援当地所需要的一些物资，让受灾群众早日脱困。

暴雨还在延续，新乡还没有完全脱困，无情的暴雨就从新乡市转移到了鹤壁市。时间临近 7 月底，没想到暴雨还会玩捉迷藏，转移阵地了，鹤壁市又被淹了。大雨在鹤壁下了两天两夜，积水有 1.5 米深。

2021 年 7 月 29 日，鹤壁市防汛抗旱指挥部办公室发布关于征集抗洪抢险救灾急需物品的公告，向各界爱心人士征集救生衣、雨衣、长筒雨鞋、手电、便携式探照灯、大功率抽水泵、发电机、夏凉被、褥子、折叠床、居住型单帐篷、夏季短衣短裤，蔬菜等物资。

邢海燕看到征集公告，物资种类较多，十万火急，怎么才能第一时间以最快的速度解决物资紧缺问题呢？她马上联系鹤壁当地的驾培同仁，咨询能否代为采购救灾物资，第一时间为灾区提供帮助，这样就省去了路上运输的时间，可以更早一些为灾区人民解困。当地驾培同仁看到燕赵驾校的拳拳爱心，爽快答应组织采购救灾物资，并立即开始实施。当看到燕赵驾校委托购买的十余万元救灾物资第一时间送到了各个接收点后，邢海燕又默默投入自己的工作中。

在鹤壁取得抗洪胜利后的一天，燕赵驾校迎来了几位特殊的客人。

鹤壁市驾驶员培训协会会长一行，相聚河北燕赵驾校，会长说道："我们除了到燕赵驾校取经求宝，还有一项任务，受委托来给燕赵送锦旗、送感谢状来了。鹤壁人民抗击洪水灾害取得了巨大的胜利。我们驾培协会带着鹤壁人民的嘱托相聚燕赵驾校，虚心学习的同时，还要对邢董事长的大爱表示感谢！"

07　黎明之家

邢海燕说：在燕赵驾校公益行的路上，我们遇到过不同群体，有些是非常特殊的群体，就像我们一直关注并多次捐助的"黎明之家"，这就是一个与众不同且鼓励我们前进的群体。

燕赵驾校捐助团队第一次到达宁晋唐邱黎明之家时，只知道这是一个残障儿童救助中心。走进黎明之家，一种干净、整洁、温馨的感觉扑面而来。整个黎明之家分成了若干个不同功能的区域，有男生之家、女生之家，还有新生之家。

黎明之家布置得井然有序。因为是周六，孩子大多在家，他们有的在看电视，有的在弹钢琴，有的在做手工，还有几个孩子大声地跟客人打着招呼，围在大家周围，一点都不羞涩，很大方，很自然。

他们大多数是一出生就被父母抛弃的弃婴，身上大多有一些残障，有的是大脑方面，有的是肢体方面。他们几乎没有照顾自己的能力，但是你能感觉到他们乐观、积极、坚强。孩子们阳光的心态鼓励着每一位到访者。

你会发现你给他们贡献正能量的同时，他们也在给你传递正能量。

有一个四肢麻痹的小姑娘，手脚都不能自由控制，她就用嘴，用牙咬着针学会了绣十字绣，听老师说，虽然经常会被扎得满嘴是血，但是她喜欢绣。

她嘴里含着一根吸管，用吸管吸住一粒粒的小珠子，粘在一幅十字绣作品上。十字绣色彩斑斓，格子又细又密，她必须全神贯注才能保证不出错。

你在她身边看，她不会跟你说一句话，也不看来回走动的访客，神情专注而认真，她似乎沉浸在作品里了。

黎明之家30多年来，陆续收养过600多个孩子，有的孩子已经结婚成家；有的孩子已经考上了大学，正在读书；有的孩子每周一到周五去工厂里工作，付出超出常人几倍、十几倍乃至几十倍的辛苦，制作一些马赛克贴图、蜡烛、十字绣等物品，换取一些微薄的收入。他们没有依赖外界的捐赠，而是坚强地自力更生。

　　燕赵驾校捐助代表对黎明之家现场捐助后，对老师们说："你们的精神鼓舞着我们，我们都是贡献社会正能量的一员，我们除了捐助，还要向你们的大爱致敬！"

　　邢海燕一直在关注黎明之家，第一次访问没过多久，她又启动了第二次访问。一行 13 人再次赶到宁晋唐邱，去看望生活在那里的 54 个孩子。

　　这次的 13 人小队，与上次不同，是由教练带领学员们一起去的。学员当中年龄大的 60 余岁，年龄小的 18 岁，刚刚参加完高考，即将进入大学。

　　当学员们看到这些孩子后，都深受感染和激励。

　　老师说："这些孩子们当中，有的考上了大学，生活在北京等城市。"

　　孩子们看到访客的到来，非常高兴，他们叫着、笑着，还给客人表演了一些小节目。驾校的学员也情不自禁地参与到他们中间，和他们一起玩耍。

　　教练和老师协商，让学员体验一下他们的生活，学员嘴里含满水学说话，感受脑瘫儿童语言表达的艰辛；学着用嘴叠纸鹤，体验手脚无法活动时，一件看似简单的事做起来有多么艰难。所有的参与者都感受到了生活的艰辛，也感受到了孩子们活泼、坚强的生命力。孩子们虽然生来与常人不同，但他们不向命运低头的乐观态度感染着在场的每一个人，他们自力更生的顽强意志，给每个人很大的触动。

　　一名教练说："每次到黎明之家，都有不同的感受。每次来帮助他们，我自己都被鼓舞。"

　　跟着教练一起去的一名学员也十分感慨："他们的奋斗精神，让我们不停地鞭策自己。没想到在燕赵驾校学车，还能让我们有这种宝贵的体验。这种体验我终生难忘，我更加相信美好生活要靠自己双手创造。我们还要多贡献，贡献自己的正能量，为这个社会创造价值！"

08 漫漫公益路

邢海燕作为河北省及石家庄多个志愿者协会的副会长，一直热心志愿者事业。经常组织员工、学员参与防疫志愿者活动，双创期间组织志愿者参与创城志愿者活动，平日里组织志愿者参与交通环境维护、城市卫生清理……

她说："公益路漫漫，我们驾校的人，都是志愿者。"

卫生是一个城市的第一窗口，文明城市是一张靓丽的城市名片，石家庄是全国卫生城市、全国文明城市。在创建文明城市的历程中，燕赵驾校多次组织志愿者，参与双创活动，为点亮文明城市贡献了一丝光亮。

邢海燕认为：志愿服务活动不仅仅是一个行为，志愿者做的事是对社会的贡献，更重要的是志愿者会成为引领社会风气的一面旗帜，这面旗帜彰显着城市的文明与进步。

正是在这样的志愿者理念影响下，燕赵驾校的员工都愿意用自己的实际行动参与到创城工作中。为了创建美好城市，他们组织了一批又一批优秀的志愿服务团队，为创城做贡献。每次志愿者活动结束后，都有"走时比来时好"的烙印留下。

就像燕赵驾校志愿者团队组织开展的文明交通劝导活动，他们在维持交通秩序，劝导行人遵守交通法规的同时，不忘创城宣传者的身份，在自己践行文明交通之余还发出倡导，积极带动广大群众共同投身文明交通与创城热潮中来，为创建全国文明城市、建设美丽石家庄贡献力量。

志愿者会遇到一些非机动车闯红灯、行人横穿马路等违规、不文明行为，他们会耐心劝导。在交通压力较大的早高峰和晚高峰期间，执勤会非常辛苦，志愿者们始终用微笑面对擦肩而过的路人，耐心地在交通路口协助交警维护交通秩序，对闯红灯、不戴头盔、违法载人、不按车道行驶等不文明行为进行劝阻，他们忙碌的身影成为一道亮丽的风景线。他们在对行人和非机动车进行交通引导、劝阻的同时，还向过往市民大力宣传文明交通，倡导更多人加入交通志愿者的队伍。

一个学员志愿者说："交通志愿服务活动，让我们既体验了交警工作的艰辛，也了解了文明出行的意义，还增长了见识，学到了交通安全知识，还为城市文明交通出了一分力，感觉挺有意义，以后会经常参加。"

邢海燕说："我们每个人都是文明交通的参与者、创建者。文明交通，我们每个人都有责任。文明城市的创建，不仅仅需要职能部门的管理，更需要每一位市民的配合和支持。如果我们每一个人都从身边的小事做起，从自我做起，我们所在的城市一定会越来越文明，我们中国的交通一定会越来越好。"

2020 年，河北省石家庄市志愿服务联合会正式成立，标志着全市志愿服务工作者有了自己的家。

作为石家庄市的公益先锋，燕赵驾校的志愿者参与的公益活动越来越多，他们高举公益大旗，将爱与奉献进行到底。

作为联合会发起会长之一，邢海燕被推选为副会长兼法人代表。在成立大会现场，与会领导对燕赵驾校历年来发起和参与的公益活动赞不绝口。特别赞许燕赵驾校为全市援鄂人员提供免费学车的行为。

燕赵驾校组织的公益活动，在社会各界眼中成为石家庄市公益活动的典范和标杆。始终秉承爱与贡献同在的燕赵驾校，坚信使命必达。每个燕赵驾校的员工都有一个心声：志愿者服务，有我一份！雷锋车队是燕赵驾校组建的，为整座城市的人提供便利，"市民公益日"也是由燕赵驾校发起并参与的。"市民公益日"是在石家庄市文明办指导下，由多家单位发起组织的公益活动，燕赵驾校作为发起单位之一。

"市民公益日"每年主题不同，比如第二季，主要以环保活动为主，组织志愿者到社区、广场、风景区或水域周边开展捡拾垃圾活动，集中清理垃圾堆放点；到街头、学校、社区宣传环保知识和生态理念，开展环境保护、绿化、美化志愿服务行动。

邢海燕经常要求团队开展"扫除道"，驾校里的每周日是全员捡烟头的统一行动时间。在"市民公益日"的活动里，也有捡烟头这个小小的弯腰行动。

每次"市民公益日"活动期间，都会有一批少年儿童参与其中，志愿者协会给这些"小小文明督察员"发放"公益护照"。打卡盖章做公益的方式，小朋友都非常喜欢。十年树木，百年树人。从小培育孩子的公益心，锻炼孩子的贡献行为，势必对孩子的将来以及对这个社会都有积极影响。

目前，"市民公益日"每年都带动 2 万余名市民参与其中，真正做到了让公益变成一种生活方式。"市民公益日"及"雷锋车队"都成了石家庄市深入人心的特色公益品牌。

另一届"市民公益日"则举办了"文明游园、文明交通、文明养犬、文明就餐、文明观赛"等系列活动。一次次的活动，对维护城市文明、建设现代省会凝聚起强大的正能量。这和邢海燕发起的"贡献社会正能量"的使命不谋而合。这种正能量带来的最大的影响，除了使得城市更文明，还整体提升了市民文明素质。

公益参与的多了，便成为公益的焦点；志愿者活动组织的多了，便成为志愿者引领者。

邢海燕及燕赵驾校坚持不懈的公益之举被河北最大的民间公益组织"河北善行使者公益协会"关注了许久，会长经过多方联系，多次邀请邢海燕担任协会副会长，会长看中了邢海燕在驾培行业及河北公益事业的影响力和对公益事业的赤子之心。在新一届理事会选举中，邢海燕被推选为河北善行使者公益协会副会长。

08

责任和荣誉

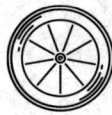

01　智慧驾校发源地

人类的社会形态从原始社会、农业社会、工业社会，再到人工智能时代，发生了指数级的变化。有科学家预言：智能化时代也许是自然人类的最后一个社会形态。

无人驾驶、智能酒店、智能穿戴、智能机器人……全球许多行业都在朝着智能化发展，包括养猪、养牛都在向智能化发展，人工智能的时代已经来临。为了拥抱时代，燕赵驾校也一直在积极推进建立智慧驾校。

试想一下，当你的朋友告诉你，报名学车要填写很多表格，要签订一些合同之类的东西时，而你在燕赵驾校报名只要在手机上简单地打开App，签一下名就ok了，你一定会感觉你朋友报考的驾校太落伍了。你报名后，系统就会有一个班主任分配给你，学员加上班主任微信后，立马可以开始后续服务。班主任是系统根据参数自动分配的，是智能班主任和人工班主任的合体，一些日常流程，如通知、提醒等固定节点的推送都是智能班主任自动处理，及时有效。也许学员还没来得及和班主任联系，班主任就自己把信息推送过来了。虽然班主任明确表示"任何事情都可以随时来找我"，但无论是智能班主任，还是人工班主任，都不会让学员找班主任的。两个班主任会主动出击，根据提前设定的节点，一起协同做两个动作：

（1）提前给学员推送信息，人工及时补充；

（2）提前给班主任下发工单，系统自动监视。

这样就形成了系统检查人工，人工检视系统的双服务、双检视工作系统。智能班主任会和人工班主任一起，把所有事情都提前办好。

学员在系统里也会看到自己下一步的学车安排。例如几号科目一考试、几号科目二 AI 训练、几号实车训练、几号科目二考试、几号科目三训练考试、预计几号毕业，都提前进行了详尽的规划，学员、教练、班主任对这个规划都一目了然。这样就避免了以往学员追着驾校走的缺点，一切都按规划走，一切环节都是提前提示学员，一改以往"学员推着驾校走"的状态，学员体验感大大提升。

学员的训练课程、考试时间都可以在 App 上查看，系统和班主任会在上课前、考试前通过信息推送提醒学员，不用担心忘记上课和考试。一些必知注意事项也都会告知学员。教练、班主任会及时查看学员的各种过往学习、考试记录，随时调整规划。这个数据和学员都是同步的。有一个神奇的事总是让学员费解：为什么班主任和教练会知道我哪天考试？这都是燕赵驾校智能服务系统在后台通过大数据测算，然后即时反馈给教练和班主任的。系统根据每次训练数据实时分析每个科目的熟练程度、差错率，然后会给学员预测每个科目的考试通过率以及综合考试通过率，教练会根据这个数据，测评训练计划是否需要调整？"神奇预言"给用户带来了非凡的智能化体验。

2021年年中，全国400多所驾校齐聚燕赵驾校，共同见证了全国智慧驾校示范基地落成，中国智慧驾校创新的征程正式开启。

燕赵智慧驾校的探索是从学员开始，到学员结束，以学员为中心，形成一个闭环智慧圈。从软件系统的研发到AI智能教学系统的投入使用，再到机器人硬件的全链条智能化，经过上万次的修正迭代后，形成中国智慧驾校雏形。

如今，燕赵驾校又被全国驾校称为"中国智慧驾校"的发源地。

燕赵智慧驾校不仅提升培训效率，对管理的提升也效果显著，管理者和教练都开始向智慧管理者和智慧教练转变。

这样一来，智能化技术为燕赵驾校精细化管理、服务升级装上了"引擎"。燕赵驾校通过科技应用、数据化分析，让服务更贴心、更高效、更准确，从而给燕赵驾校品牌赋予了更加温暖、亲切、周到和自

智能教学

然流畅的价值。智能化的云管理后台，实现了对教学服务的智能管理，通过大数据收集学员的训练、考试数据及服务和投诉数据。在此基础上，对所有数据进行整合分析，从而实现对学员训考情况的预测，精准训练，提高服务。每个学员都感觉自己的学车规划是"私人定制"。更重要的是，让管理由被动变为主动，这样有效解决了重复性的问询工作，不仅会提升驾校的管理，还会减少投诉，提升驾校的口碑，工作人员有更多精力投入个性化服务中。

燕赵智慧驾校提高效率的同时带来的是成本降低。可以看到，驾校借

助大数据进行能耗数据统计和分析，实现了节能降耗。同等油耗下，合格人数增加50%，同等训练课时下，合格人数翻倍。

在智慧驾校的迭代中，邢海燕始终坚持一个原则：学员体验至上，提高学员学车的流畅度以及学员的表扬率。燕赵驾校把学员表扬纳入红榜进行评比。邢海燕说："如何给予学员有温度的服务，是智慧驾校的关键任务。"

随着燕赵智慧驾校的落地，智慧驾校开始被驾培行业关注。越来越多的驾校投资人希望在自己的驾校也为学员提供智能化的学车体验，他们知道智能元素是新一代消费者的刚需。还在继续进化中的燕赵智慧驾校，向服务智能化、产品智能化的趋势继续迭代。

交通运输是兴国之器、强国之基。中共中央、国务院印发的《交通强国建设纲要》提出：2035年，基本建成交通强国。《国家综合立体交通网规划纲要》将创新和智慧作为一个重大的板块予以体现，提出推进交通基础设施数字化、网联化，以提升交通运输智慧发展水平。

智能交通的发展有助于国家"双碳"目标的推进，随着人工智能、大数据、5G等创新技术的场景化赋能，智慧交通基础建设成为交通强国的发展重点。

燕赵智慧驾校是在国家智慧交通大环境下应运而生的驾培新成就。自燕赵智慧驾校推出以来，引起了交通部及行业协会的关注，中国交通运输协会驾培分会秘书长、交通部科学研究院高级工程师纷纷来现场参观调研。

燕赵智慧驾校落地一周后，燕赵驾校又迎来一个参观调研团，省交通运输厅携省运管局、市交通运输局一行到燕赵驾校调研。

参观团对智慧驾校非常感兴趣，参观团成员体验了智能练车模拟器、智能机器人等智慧驾培设施后，对燕赵驾校给予了高度评价。

02 芝麻会

燕赵成长大学已经成为中国驾校内部人才培育的样板，燕赵驾校用真金白银和心血为中国驾培行业的素质提升和人才培养提供了一个范本。邢海燕这么多年来，从国内外学到的知识都转化成了为驾培服务的思路和成长体系，包括从巴菲特股东会、波音公司、亚马逊、星巴克等世界名企学到的企业管理知识与服务思维都应用在驾校行业。为了让成长大学的模式更实用、可复制，邢海燕又与国内顶级商学培训机构合作，指导成长大学针对驾培行业的特性研发了驾培版"可复制领导力""目标管理六要素"等培训体系。

邢海燕说："中国'新驾培'一定是从观念的改变起步，从信念的扭转开始发生变化！"

在发起"培育中国好司机，贡献社会正能量"这一中国驾培行业万众所向的使命后，邢海燕接待了来自全国各地数千所参观学习的驾校，她每一次都用自己的一腔热血与利他之心成就着这个行业，用赤子之情激发了无数中国驾校开始回归教学本质、注重员工成长。

截至目前，因为驾培行业市场化时间较短，所以这个行业的科技化、规范化、品牌化都还没有成规模，驾校的学习型组织更是少得可怜。邢海燕深知，驾培要想走出自我变革之路，必须形成学习创新型思维。2017年，邢海燕发起了一个公益性组织——芝麻会。这是一个以游学为主要形式的学习型组织，由邢海燕带领，一帮志向相投的驾校校长参与组织。组织的定位是公益性质，不以营利为目的，所有花费开销都实行 AA 制。大家在这个组织里相互学习、相互鼓励。邢海燕组织芝麻会到处游学，还开办大商精髓团建等活动。

邢海燕帮助 58 集团驾校一点通做了一次"成长训练营"。邢海燕以使命价值观点燃团队自驱力，58 团队最终创造了让集团所有人都不敢相信的成果：3 个月完成 7 个月的业绩，打破团队有史以来的业绩记录。

因为成果极好，外加燕赵驾校自身的业绩年年都大幅上涨，张小磊又邀请燕赵驾校团队给其部分客户"开小灶"，进行赋能。来参加赋能会的驾校要在燕赵驾校学习 3 天，燕赵成长大学给予了系统培训，燕赵驾校管理层也与参会驾校深度交流、相互学习。参会驾校直呼："这 3 天收获很大，真是实用又实效！"

几乎每天都有很多驾校及驾培周边行业预约到燕赵驾校学习。燕赵驾校还一直提供免费教学，不收取任何费用。有人问邢海燕："这种赋能为啥总是免费？有的还要自己倒贴。"

邢海燕说："投资学员，是为驾培做贡献，为中国交通做贡献；投资行业，是为驾培做贡献，为中国交通做贡献。我们的宣誓里有一句话：从我做起，让中国的交通开始改变！为行业赋能这事，就是从我做起的一项。不要计较眼前的得失。"

03 行业军校

2019 年 11 月，石家庄寒风劲吹。但凛冽的寒风也抵挡不住团队的好学之心。一期针对外校校长、高管的训练营开营了。

此时的天，是冬天，驾培的天，也是冬天。经营业绩下滑迹象开始蔓延到每个驾校，燕赵驾校业绩方面的一枝独秀更显得分外耀目。

外校校长和高管们相约来到燕赵驾校，有些人是故地重游，有些人则是初到燕赵驾校。他们都想在燕赵驾校找到破局之法。这次的训练营，是应全国十几所驾校（常春藤联盟）要求而开设的又一期免费训练营。他们希望能跟随燕赵驾校的初心，感受燕赵驾校的企业文化，得到燕赵驾校内部培训体系的支持。邢海燕最终同意燕赵成长大学首次对外开放，接受参观交流。

此次训练营参与的驾校有江西白云驾校、甘肃新通力驾校、云南昭通驾校、四川长征驾校、四川蓝泰驾校、山西晋安驾校、浙江东城驾校、湖南工业驾校、重庆西南驾培、浙江金通驾校、湖南顺达驾校、山东恒大驾校、河北明城恒盛驾校等。

邢海燕对成长大学负责人说："这是一次公益性质的行业高管训练营，这是一次贡献别人、成长自己的机会，我们贡献得越多，就会成长得越好！"员工精神饱满地迎接着学习者，把燕赵驾校的文化精髓展露无遗。每一个学习者都沉浸在这个成长型团队的氛围里汲取养分，成长自己。

燕赵成长大学进行授课时并没有讲太多关于招生和学员培训的事情，几乎都是在分享团队及个人成长。很多人明白了，这才是燕赵驾校成功之所在，燕赵驾校讲课不讲招生却招生业绩很好，不讲训练却训练效率很高。在燕赵驾校只讲成长，这正是邢海燕倡导的"打造意愿度"，靠员工自驱力去实现业绩目标。她说："员工成长了，原来招生100人的员工就会去奔150人的目标，原来招生150人的员工就会去奔200人的目标。员工成长过程，其实就是挑战自己、突破自己的过程。"

应参会驾校校长要求，燕赵驾校为大家展示了成长大学的培训流程、课程开发及相关成果。课程以抓心态、重实操、流程细、宜落地赢得了参会者的赞叹。几十名驾校校长、高管的学习气氛高涨，也顾不得出去吃饭，食堂做的大包子拿过来就在教室里吃。他们说，吃饭重要，学习更重要。云南昭通驾校董事长冷若冰说："挤出时间多学习，才是最硬的菜！"

邢海燕在驾校联盟高管公益训练营上致欢迎词

开辟专门场地并设置专业的员工培养、课程研发团队的驾校凤毛麟角，在培育员工成长方面的投资，同等规模的驾校里面，燕赵驾校可居全国之首。成长大学专为培养燕赵驾校骨干开发的反馈训练，在这次训练营里颇受欢迎，收到的评价也很高。演练有三个级别的反馈，给参训人员带来很大震动，他们感觉自己以前的管理太过粗暴了。反馈分为正面反馈和负面反馈，以正面反馈为例：

看到员工的工作做得很好，但在领导者眼中认为这是应该做到的，一句肯定或表扬的话都没有。这样，员工在工作中容易消极怠工，反正做好与做不好是一样的。零级反馈就是"啥也不说，没有反馈"。

直接表扬或直接给员工发奖金，这样做员工不会有太大的创造性，领导容易产生审美疲劳。最重要的是经常奖励奖金的话，员工的心态发生改变，做好就是为了拿奖金，没有内在的释放能量，而是外力的诱惑所推。一级反馈就是"一味做表扬和鼓励"。

领导表扬员工的时候，让员工知道为什么表扬他，让他知道哪一点做得好，这对他是非常有益的，在下一次再做同样事情的时候，就一定会做得更好。接受了一次表扬，那么大多还想在别的地方做得更好一些。二级反馈就是"表扬 + 说明为什么或者是什么"。

老师带领学员演练二级反馈，训练营成员纷纷表示：二级反馈太管用了，除了可以在管理中应用，还可以应用到生活中。

美好的时光虽然短暂，却总是让人久久无法忘怀。3 天的训练营结束后，参训者纷纷表示意犹未尽，收获颇丰。邢海燕给训练营成员做了一个小团建，带领大家一起体会生命的感动，体验团队之爱，在让爱流淌的氛围中，大家在一曲《相亲相爱一家人》中共约誓言：让我们一起共同创建中国和谐交通。

春暖花开的四月是踏春访友的季节，燕赵驾校总是在这个时节迎来一批批参观学习的驾校团队。30 多家驾培行业校长和投资人不远千里来到石家庄，来到燕赵驾校。中国交通协会驾校校长商学院第二期 EBA 即将在燕赵驾校开班。有些校长虽然是第一次踏入燕赵驾校校门，但感觉非常熟悉，因为一切皆源于"培育中国好司机，贡献社会正能量"这 14 个字。作为中国驾培使命发源地，燕赵驾校每年迎来数千所驾校来参观学习，很多驾校的使命墙、驾校形象墙都是仿照燕赵驾校去做的。所以，即使没来过燕赵驾校，也会对燕赵驾校有一种熟悉感。

在培训班，邢海燕与清华大学的老师们一起与驾培同仁共同探讨了中国驾培的发展方向，她又一次重复着那句话："行业的改变要从驾校理念开始，驾校的改变要从我们这些领导者的信念开始，改变中国驾培的责任就在我们身上。"

中国交通运输协会驾培分会秘书长带领商学院的同学们参观体验了燕赵驾校的每个流程。当看到每个教练都能给大家讲一讲时，大家对燕赵驾校培育"讲师型教练"的思维十分羡慕。每一名教练对驾校企业文化的理解和解读都是那么轻松到位，彰显了驾校文化育人的成果，也是燕赵驾校环境正在改变一批批驾培从业者的实证。

学习团近距离和员工接触环节，临时增加了一个燕赵驾校员工现场分享项目。员工们分享的一个个发生在自己身上的感人故事，让学习团的成员们感慨万千。当说到员工家属到驾校帮忙时，学习团的成员们纷纷为之动容，一位校长问道："感觉燕赵驾校的员工都把驾校当成自己的家来对待，有什么绝招吗？"邢海燕给大家分享了自己的心得："当我们一心为了员工的成长时，员工就会把驾校当家对待，包括我们给员工过节时会邀请家属到场，让他们一起参与到燕赵大家庭来，一起体验燕赵爱的文化。"

商学院参观学习结束后，部分校长又请求邢海燕开小灶，邢总给大家分享了驾校经营之道，分享了驾校品牌经营的核心：驾校文化是建立品牌自信的基础。

一波波驾校校长带着期待来了，一波波驾校校长收获满满地走了，带走了驾培的使命，找到干驾培的初心。

04　媒体报道

一个企业成为焦点或成为样板以后，就会有新闻媒体报道。在做公益时，有人建议邢海燕通知一下媒体，跟踪报道一下，邢海燕说："公益就是公益，不用去联系媒体，我们自己做了，帮助到该帮助的人了，就是非常好的一件事。"即使邢海燕主动回避媒体，但是媒体还是把焦点聚在燕赵驾校身上。

河北广播电视台主办的《冀商传奇》栏目是一档知名的财经人物专访节目。作为河北女企业家代表，邢海燕在栏目组多次邀请后，走进了《冀商传奇》的直播间。

主持人和邢海燕探讨了邢海燕进入驾培的历程，主持人非常不解地问邢海燕："你一入驾培就是 20 多年，当初家里说让你熟悉熟悉社会，你为什么在这个行业一干就不出来了？"

邢海燕说道："我从业驾培 20 多年，对这个行业越来越有感情了，后来我做这个企业已经不仅仅是要赚钱了。燕赵驾校培训的学员也有十几万了，这些人穿行在这个城市，他在燕赵驾校学车的这段时间，他学成什么样子？他有没有更负责任？他开车的技术是不是更好？他是不是尊重生命？这些都跟驾校有关。当我发现这个行业可以为老百姓的出行负责，可以让这个社会变得更好一点的时候，我觉得就更有力量了。我就觉得它不仅仅是一门生意，它可以让我们驾培从业者的人生更有意义。"

主持人问："我非常纳闷，怎么让驾校使命成为中国驾培使命的呢？这一点我们媒体人都非常感兴趣，也非常想学习。"

邢海燕说："很多驾校包括社会人士都认为驾校是一个办证机构，其实不是，我们认为驾校是一个培训的地方，是一个教育机构。教练是一个师者，他是透过教人开车的这个过程，去传递如何尊重生命、尊重这个社会，是要担起社会责任的。我们希望通过教学员开车，能让学员也有这个意识。燕赵驾校走这条路的时候，成绩不错，然后全国的驾校同仁就来交流。2018 年年底我们发起了一个中国驾培使命的仪式，当时来了 600 多位校长参会，没有官方支持，完全是自发的。当时我们 600 多人一起宣誓，要为了学员的出行，为了整个社会的出行，做一些我们驾培人应该做的事情，我们宣誓要一起'培育中国好司机，贡献社会正能量'。"

鉴于燕赵驾校在行业的影响力，石家庄电视台又特别邀请邢海燕出席"品牌石家庄"大型品牌榜发布，燕赵驾校俨然成了石家庄的一个品牌窗口。

燕赵驾校的行业领头风范，迅速被行业主管部门关注，交通运输厅领导率队调研，邢海燕被推选为中国交通运输协会驾培分会副会长、河北省驾协副会长、河北省道协五个一进驾校委员会主任。

河北省交通运输厅和河北经济日报联合主办的《河北交通》对燕赵驾校进行了专访；《驾校经营管理》杂志对邢海燕专访，并把她选为了封面人物；每年出版的《中国驾培行业发展报告》皆邀请邢海燕加入编委，参与编写。

在河北省诚信企业评选中，燕赵驾校被评为河北诚信企业，这成为中国驾培行业有史以来第一个获此荣誉的企业。

在省市电视台及凤凰网、今日头条等众多新闻媒体对燕赵驾校的持续报道后，燕赵驾校引起了中央电视台的关注。

中央电视台曾经三次对燕赵驾校进行采访报道。很多人非常惊诧：为什么中央电视台以前从不报道这个行业，如今对一个驾校却接二连三地跟踪采访报道呢？

邢海燕带领燕赵团队以一企之力，影响着中国驾培，影响着中国交通的改变，正是这股浩然正气吸引了央视的关注。其实央视不仅仅是宣传燕赵驾校，更是宣传邢海燕这种新时代精神的代表人物以及燕赵驾校"培育中国好司机，贡献社会正能量"的这种贡献别人、成就别人的精神。

在瑞士日内瓦举办的"全球道路安全电影节"被称为道路安全界的奥斯卡。国民交通安全教育公益宣传片《让生命无憾》系列之《分心驾驶篇》摘得"最佳道路安全影片"银奖。这是我国交通安全宣传片首次在国际上获奖。

燕赵驾校荣誉墙

2016 年，在国民交通安全教育公益宣传片首映发布会上，邢海燕作为受邀嘉宾参与了首映式，首映式由中央电视台主持人白岩松主持，公安部、交通部、国家安监局、中宣部、世界卫生组织等与会者一起宣誓：共筑安全至上的交通理念，共创文明畅通的交通环境，共享和谐平安的交通愿景。这和燕赵驾校发起的"培育中国好司机，贡献社会正能量"的驾培使命和"让驾培回到培训的本源，让驾培人的生命更有意义，让中国的交通开始改变"的驾培愿景一样，都展现了"生命与使命的结合""初心与信念的一致"。

邢海燕说："愿安全随行，让生命无憾。不仅仅是每一个驾培人的心愿，也是每一个世人的心愿。"她坚信这个愿景一定能够实现。

05　封面人物和压轴嘉宾

《驾校经营管理》杂志除了刊登驾校经营管理文章，每年还会遴选几名驾校经营管理的先锋人物作为封面人物，邢海燕就是为数不多的杂志封面人物之一。

杂志社对邢海燕及燕赵驾校进行了专访。

在专访中，邢海燕说："驾培行业关乎每一个人的生命和财产安全，人生有很多次学习，唯独学车关乎生命，让每位学员安全驾驶，才是一张驾校呈现给社会的满意答卷。学员在离开驾校以后，很难再有系统的学习机会和学习途径。所以每一个人的交通安全意识几乎都是在驾校学习期间形成的，能否建立良好的安全意识，会影响驾驶人的一生。而这就是我们这个行业的意义。每个驾校都是安全交通的源头，每个驾培从业者也都是源头。"

邢海燕告诉记者："在使命感和责任感的驱动下，燕赵驾校成了一个培养公民交通安全意识的平台。每位学员都代表了一个家庭，我们培养一个懂法守法的驾驶员，那么他的整个家庭都是安全的，整个社会也因此而受益；如果培养一个不合格的司机，不但给他人的生命安全埋下隐患，同时也将他的家人和其他道路交通安全参与者置于危险之中。"

在一次全国驾校校长的集会上，邢海燕面对全国同行，抛出了一句灵魂发问："驾校愿不愿意为了培训安全驾驶少赚钱？"

她用实际行动回答这个问题，她知道这是一场良心的较量。

为了做好教学、打造燕赵驾校品牌，连续多年，她不但没有往家拿一分钱，还把所有利润全部投入驾校经营建设中，有时候甚至还从家里拿钱给驾校应急。

当其他驾校都在招聘成熟教练，免去培训环节的时候，邢海燕决定成立成长大学，对新老员工开展培训、再培训。

当其他驾校都已不再对驾校有任何投资时，为了提升学员体验，燕赵驾校的教练车即使还剩多年使用年限，她毅然更新了 130 辆教练车，对校园、训练场地又投资几百万进行整修。在智慧驾校、团队建设、学员服务等方面的资金投入更是不计成本，只要有需求就大力投入。

当其他驾校宣传低价招生时，她带领燕赵团队默默地去做公益，举行各种活动，耐心地和学员进行互动。

当其他驾校都在通过机器人教练削减驾校人力成本而大幅减员时，燕赵驾校即使上马了机器人教练，她仍然坚持不裁员。

当其他驾校都在降薪时，燕赵驾校的教练工资一直处于全市同行业最高水平，她说：只要你认干，驾校给你的平台就是上不封顶。

当其他驾校都在节约开支，降低运营成本时，燕赵驾校也倡导节约开支，但在员工福利、学员服务上又"大手大脚"。她安排修建员工食堂，提升员工饮食质量，并提供学员各种福利及免费用餐服务，隔三岔五就要亲自过问饭菜质量。

正是这些和其他驾校反着走的道路，走了几年后，燕赵驾校成了一所全国知名的品牌驾校，不但口碑好，盈利也变得好了起来。而一些只顾挣钱的驾校已经走在关停的边缘，甚至有的已经跑路了。

邢海燕说："自从使命确定的那一天起，我就知道燕赵驾校要走一条漫长的路。我知道做对学员好的事、做帮助员工成长的事，短期可能不会有效果，但我坚信，长期坚持下来，学员一定认可，员工成长了，团队一定越来越好。驾校能影响的人也一定越来越多。"

自邢海燕撒下中国驾培使命种子以来，每年的驾培年会，邢海燕都会被组委会邀请担任压轴嘉宾。

在一次年会上，邢海燕与全国驾培校长分享了一名学员对燕赵驾校、对行业的评价："燕赵驾校培养了那么多优秀的教练，成为驾校乃至行业的中流砥柱。我要是不在燕赵驾校学车，真的不知道有这么一帮人，在为这个城市、为这个社会非常低调地做贡献。"与会代表听到后，无不为行业受到尊重而欣喜。很多驾校正是受到邢海燕和燕赵驾校的影响，开始做驾校品牌，驾校开始变好了，不但赢得了品牌和利润，还赢得了社会尊重。

在另一次驾培年会上，邢海燕分享燕赵驾校"爱的流淌"故事时说道："我们驾校做的很多事都是暖心的，跟心有关，跟爱有关。我们会让教练感受到爱，然后教练就会用这份爱的心，去守护好学员。"

有一次，邢海燕做了《新驾培的源动力》主题演讲，她认为：价值观是驾校的灵魂，是驾校发展中核武器一样的力量，价值观驱动是燕赵驾校唯一的制胜法宝。她说："燕赵驾校的招生、培训、服务、口碑都被全国驾校同仁学习，是因为燕赵驾校的核动力是员工有了意愿度。当你让员工去体验爱的流淌，去体验贡献价值观和正能量的使命时，他知道他为什么干，他知道干的意义是什么。他就会有意愿度。意愿度的驱动力永远来自内在。"

06　最豪华的锦旗

我见过的最豪华的锦旗就挂在燕赵驾校办公楼二楼的走廊里，这个锦旗的"豪华"不是材料豪华，而在于锦旗背后的故事。

这个锦旗是所有锦旗里面最大的一面，但是"大"不足以表现它的壮观。锦旗是由双层毛呢材料制作，刺绣大字格外醒目，金黄色浓密的双层流苏显得厚重而丰满，紧密地遍布锦旗四周，两侧的冰丝吊穗像卫兵一样护卫着锦旗，连旗头旗杆都是用纯铜拉丝精心制作。

从这个锦旗的制作工艺，就能感受到送旗人送的不仅仅是一个锦旗，这个锦旗承载着对燕赵驾校和教练的情感，有褒奖，有感谢，也有祝福。

教练介绍，这是省儿童医院血液科的一位老大姐送的锦旗。老大姐姓赵，是国内知名血液病专家，单位都叫她赵主任，驾校里的人都叫她赵姐。赵姐非常低调。赵姐到驾校送锦旗的时候，专门订了两束鲜花送给教练。因为没有见到邢海燕，她就发语音给她："海燕，我必须要感谢你，我通过燕赵驾校才知道在这个城市里有一群这样普通的人在贡献着这个行业和社会！"

听到赵姐语音后，邢海燕一下子哭了。她说："我们做的这个事得到社会和人们认可，这是一种幸福的感觉。赵姐不但给了我内心的幸福，还给了我力量的支持。感觉驾培这个行业更值得做，'培育中国好司机，贡献社会正能量'的使命更值得坚守。有生之年能让驾培行业受人尊重，这事，我做值了。"

故事并未到此结束。

赵姐在医疗界能有如此高的成就也许和她的执着有莫大关系。送完锦旗后，她还执意请教练吃饭，因为驾校不允许学员请吃饭，虽然教练多次谢绝，赵姐仍不罢休。实在推脱不了，邢海燕只好特批两个教练去赴宴。

被特批的教练到现场一看，当时七八个人在场，中间主宾位置空着。赵姐介绍完教练，必须让教练坐到主宾位置。

教练推脱再三后，赵姐发话了，非常正式地对教练说："我是他们的老师，你们是我的老师，所以今天你俩必须得坐到老师的位置上去！"

每一个听到这个故事的人无不感动，每当谈起这件事时，邢海燕都很感慨："大专家就是这么认可我们的，这样的事就发生在我们驾培行业，如果我们持续这么做下去，这个行业一直贡献这样的正能量，驾培就会变得越来越好。不是社会不认可驾培，是我们过去疏忽了对学员的贡献，用你的心，用你的服务，你是可以赢回尊重的。"

09

他们说

01　从教练到校长的蜕变

他在燕赵驾校的训练部工作 8 年了，8 年的青春献给了这个行业，这个行业让他找到了自己的人生意义，他自己从一个普通教练成长为带领 100 多名教练的训练部校长，实现了人生的蜕变。我对他进行访谈时，他说出了自己的故事。

我在进入燕赵驾校之前是开大型货车的，那时候只是跑一趟车挣一趟钱，从没想过这一生要怎么过。

开大车不安全，和家人商量后，我就不干运输了，后来应聘到燕赵驾校，开启了教练生涯。我在燕赵驾校一开始也没有什么远大理想，就是好好教学呗。在后来的招生与教学中，我干出了小小的成绩，在科目三的招生与培训都是名列前茅。但是对进入管理层没有什么想法。

直到后来邢总提出了燕赵使命，这个使命最后成了中国驾培使命，我才发现所在的驾校已经发生了天翻地覆的变化。燕赵驾校的教学、服务、招生都已经出现与其他驾校完全不同的大转变，得赶紧跟随邢总变革的步伐，我要赶紧改变，再不改变就被要被淘汰了。

在一次招生竞赛中，我记住了邢总在启动会上说的话："敢不敢玩大游戏？敢不敢把自己扔出去？付出百分百，大干 20 天！"我当时是队长，我们队就开始定下目标：干就干第一，要碾压式把第一干出来！

整个招生竞赛一直是白热化的，特别是名次争夺，你追我赶，谁也不甘落后半步。我们队在开始之初就定下来前 3 天要处于绝对领先地位。所有队员每天除了出单就是商议如何保第一。连续 3 天的第一，让我们队士气高涨，3 天后队员们说，兄弟队的士气被打下去了，估计第一他们撵不上了吧，我们终于可以喘口气了。

我和队员说，邢总说的大游戏是什么？我们得彻底用业绩碾压其他队。他们认为我们子弹打光了，要追赶我们了，我们得让他们死了这条心。第 4 天我们得把自己扔出去，直接拉开距离，是他们追不上的距离。队员们发动一切可能资源，不分昼夜开始奋战这一轮决定性的战斗，我们最终和兄弟队拉开了绝对碾压式距离。

后来邢总开始培养队长，她告诉我们："每一个人都要有当校长的愿望，现在的队长将来都要去奔校长的岗位，你要敢想。"

我作为队长，虽然管理着七八个人，但还是教练，得带课，并没有脱岗专门从事管理工作，也从来没有管理过更多员工的经验，其实那时候，我不太敢当校长。后来，驾校把科目二科目三两个主管划分为三个校区，我成了第三校区的校长，从此开始了管理生涯。也正是这个机会，让我学会从一个教练岗转变为一名最终管辖四个校区的管理者。现在我和我领导的四个校区校长，都是从教练岗位做起来的。当时邢总说每一个人都要有当校长的志向，要敢想！就这两三年的功夫，这事在我们几个校长身上已经变成了现实。

我从一个大货车司机蜕变成一个全国知名驾校的校长，我感觉这是燕赵驾校土壤在起作用，邢总经常说她做的事就是耕耘土壤，我在训练部也是在耕耘"培养中国好司机，贡献社会正能量"的土壤。我觉得这个土壤，这个氛围是可以改变人的。有一些离开的同事去了其他驾校，刚开始还能看出来比较优秀，但是过一段时间就不行了。这是因为燕赵驾校这个团队一直在成长，身处这个氛围里，你会跟着大部队成长，但是你到了一个没有成长氛围的团队，就会融入那个氛围，不成长就会后退。

我在工作中有时候也会发生一些不愉快、不顺当甚至争吵、挨批的事，但是燕赵驾校这种氛围，让我学会了自己转变，向内看，看目标。邢总经常说："你要是真的关心队员，就不要放水，要让他成长，让他挣到钱。"这句话我牢记在心。为他好，就让他好起来。我就是在这样的氛围里被培养出来的，我想把他们都培养出来，我希望他们都变得越来越好。我最大的愿望是：他们能都超过我！

燕赵驾校校长　白建军

02　三级跳的朱校长

两年前，他从一个房产销售员跨行业进入了驾培，在燕赵驾校的两年时间里，他从一名入行新兵到一名优秀教练，又成长为队长、分校校长，实现了跳跃式成长。在对他的访谈中，他谈到更多的是"团队如何自我成长"，在我的强烈要求下，他才简述了自己是如何让队友成长的。

2020 年，我刚刚从上一个单位离职，不知道选择什么职业，没有目标地寻找招聘信息。

那一年，我爱人刚刚考下驾驶证，便想试试去应聘教练。

通过燕赵驾校的面试后，我成功进入了燕赵成长大学。在成长大学的两个月里，我学到了很多。从一开始的培训技巧，到怎样服务好学员，再到怎样作为一名合格的教练，我从内心知道了什么是"培育中国好司机，贡献社会正能量"。

简单的 14 个字蕴含了太多能量。我以前从没想过要成为一名"师者"，在两个月的学习期间，我开始从内心里把自己看成为一名"师者"，学会了如何成为一名优秀的"师者"：优秀的"师者"不仅仅是教导，还要和学员成为朋友，成为他们永远的伙伴。

后来，我开始带学员了，学员过来上课时，我耐心地和他们交流、细心地去指导他们。

有些学员因为自己学习慢而内疚。这个时候不是教学的最好时候，要停下来，和学员谈心、聊天。我发现学员的进步是鼓励出来的，发现他任何有进步的地方，都去鼓励。

当学员练不好时，你会发现他们比教练还着急，心里更不舒服。所以这时候，作为教练，我们得理解他们的心情，我会刻意制造一个轻松愉快的气氛，来缓解学员内心的尴尬与不安。

咱得主动去化解学员内心的焦虑。在开始培训的两个月里，我就成功地和 50 多名学员成了知心朋友。

在我入职的第 3 个月，我还没有正式转正，迎来了一次招生比赛活动。作为一名新人，因为在成长大学表现得积极主动，校领导让我带领一队新人参加招生活动竞赛。那时候，那 50 多个学员都开始给我介绍学员，主动帮我宣传，给我介绍了好多朋友找我报名。那种你对学员好，学员给你捧场的感觉真的好棒！

我的学员和我都成了无话不说、无事不谈的朋友，真的怀念带学员的时光。那段经历成了我人生最重要的财富。

那时候，我们作为新人，能做的就是寻找可能性，我现在明白了邢总说的"意向百分百，方法无穷尽"的真正含义，当时就是和几个新同事一起，不断进行头脑风暴，绞尽脑汁去想我们怎么才能让更多的人了解、认识燕赵驾校。其实那就是驾校已经调动了我们的意向，我们自己寻找到了招生的各种方式方法。当时，我们小组都是新人，在大团队的冲锋气势下，不断地互相帮扶，互相激励着。后来，我们小组有了非常棒的成绩，成了燕赵驾校的黑马，这让我们信心倍增。

后来，我成了一名队长，队长生涯开启了我的管理岗成长之路。

在担任队长的这一年里，我学会了邢总经常讲的"团队赢，个人赢"，我们队团结向上，一同面对困难，一同创造成绩。我经历过新人成长的心路历程，知道新人需要什么，在"团队赢，个人赢"的信念推动下，我们共同帮助新人。

在燕赵驾校成长文化里浸泡了一年，我从队长升任校区校长。我自己成长的同时，也学会了培养自己的队友，一些新人队友也逐渐成长为队长。

这两年的驾校职业生涯，让我看到了环境的重要性，在成长环境里，你就会不由自主地成长，我们这一群人，在一起就是想办法成长自己。现在，我认为自己主动积极，外加一个成长的氛围，这就是成长的法宝。

在担任区校长这一年里，我常跟同事们说的就是积极主动，因为我自己就是在燕赵驾校土壤里这样成长起来的。

成长的过程中我也经历过成绩不理想、松劲、低沉的阶段，但是我在燕赵驾校学会了向内看，看自己。不找理由，只找方法。

最终，所有一开始自己想象的巨大困难，都找到了解决的办法。我和队员们都坚信：如果找不到解决办法，就看我们想不想解决这个问题，意向百分百，方法无穷尽。同时，我们也坚信：学员是我们最大的财富。我和队友一直用行动告诉新人，让学员满意的唯一法宝就是人心换人心。

燕赵驾校分校区校长　朱耀祖

03　一年一个大台阶

他曾是一匹燕赵驾校新人中的黑马，在招生教学中名列前茅，一年多的时间，他成长为校区校长。他带领的校区是成立最晚的校区，在燕赵驾校成长文化的"摔打"中，不甘落后，已经和另外三个校区并驾齐驱。在对他访谈时，他还多少有些羞涩。

入职燕赵驾校一年了，以前不了解驾校教练这个职业。

燕赵驾校短暂的教练生涯，使我开始在乎对方的感受。虽然我做教练时是新教练，干校长时是新校长，但我这一年多在燕赵驾校感受最深的就是驾校的"爱文化"。在这里你能感觉到，人与人的接触，都是一种爱。在这里所有的一切都是透明的，没有其他企业的那种乱七八糟的东西。

对学员也是如此！在燕赵驾校我学会一种技能：链接！在这里，我和学员链接，和同事链接，每次链接都是一次爱的流淌。邢总经常说："每件事都要看看你的初心。"正是跟随团队坚守初心，我开始了一次不一样的成长。

做教练期间，教学是我和学员的链接，和学员链接的机会随时都在，每一句话、每一个动作都是一种链接。后来我和每个学员都成了朋友，那种真正朋友之间的相互交流让我非常享受。

在我带第一个学员的时候，内心很担忧，又害怕又紧张，心里在想，我能不能把学员带好？我能不能让学员考过？我能不能配得起"师者"这两个字？学员能不能认可我？学员愿不愿意和我上课？后来我想起了邢总说的那句话："只要你发心是正的，结果不会太差！"我发现，学员就在你眼前，你只要一心一意地对他，结果真就不会太差！

燕赵驾校有一个最朴实的行为准则：为学员好！一切都是以"为学员好"为准则。

在"为学员好"的大环境里，无数次去行使这个准则后，最终我体会到，哪里有什么教练学员之分？我们都是朋友，都是亲友。一开始我感觉这是一件奇妙的事情：你认为学员是你的朋友，他就成了你的朋友；你认为学员是你的亲友，他就成了你的亲友。我现在明白了，这就是邢总经常给我们讲的"信念产生行为，行为产出结果"的逻辑。有时候和学员四目相对、会心一笑的时候，你就会发现自己真的已经和学员成了朋友，这是一种非常奇妙的感觉。

我非常感恩进入驾培行业、进入燕赵驾校，有时候看到我的教练车，我就感谢它，我觉得教练车也是我的朋友，它和我一起服务学员。教练这个职业，给了我无数交朋友的机会，每个学员的微笑，我感觉都是一种甜蜜，现在担任校区校长职务，不再带课了，每每想起学员，有好多的不舍，有好多的美好记忆。

在驾校成长文化的熏陶下，我用一年多的时间成长为校区校长，这是我以前没想过的，对我来说是一个挑战，但是我乐于接受并且赢得了挑战。现在，在自己成长的同时，我还带领校区队友们一起成长。成长，让我们非常快乐！

燕赵驾校分校区校长　竺贺

04　司老板的成长

在燕赵驾校很少有人被称为老板，但是有一个人经常被邢海燕可爱地称为"司老板"。在访谈中，我看到了他在燕赵驾校的一路成长，我们聆听一下对他的访谈。

我在燕赵驾校感受最深的有两点：一个是成长，一个是爱。

我是一名退伍军人，在燕赵驾校第一份工作是给邢总开车。我从当兵起就一直开车，在燕赵驾校还是开车，我觉得这辈子就是开车的料，从来没想过还能锻炼出开车之外的能力。在燕赵驾校的这个成长氛围里，我一次次地体验着成长带来的乐趣。

以前我根本不会招生，一年也招不来两个学员，在驾校的一次招生竞赛中，我一个月竟然招了70多个人，三次评比分别获得第一名、第二名、第三名。那种赢的感觉非常棒。那次招生竞赛，我才发现原来我也可以做到，在这之前我是连想都不敢想的。当时冲劲十足的我，在大会上还跟邢总打了一个赌，要是招生排名靠前就赢邢总1000元钱。当时我就想：看看自己到底有多大潜力，一定要把邢总的钱赢过来。然后，我凭着这股劲，每天就寻思怎么聊单，怎么加好友，各种能想到的办法都用上了，最后完成了70多人。我刚开始拉不下面子，不敢进店推销，想到邢总说的"把自己扔出去"的话，缩回来的自己又硬着头皮进店，后面就越来越习惯了。

第一周拿到第一名时，赢的感觉很强烈，那时候是扫街式发传单，扫商城时，我一层一层地扫，一家一家铺传单，扫了半截，保安看到了，我被赶出来了，心里边就打了一会儿退堂鼓，想了想还得去，不让发传单怎么办？那就发名片。保安看不着传单也就不会拦我，营业员不忙了我就赶紧去聊会儿，营业员忙了，就等人家忙完再递名片继续交流。我扫完一个商城再扫另外一个商城，到后来越招生越有劲，越来越有成就感，就是邢总说的"把自己扔出去，让自己赢出来"的感觉。那种自信让我铆足了劲，越干越有劲，到最后竞赛结束那天还想干，有种招生招上瘾了的意犹未尽的感觉。

那时候，我还给邢总当司机，邢总有时候用车，问我在哪，我说在外边地推。她说：那行，你好好推吧。她自己就开车走了。本来我的本职工作是负责邢总出行，结果自己跑去发传单招生去了。我想：邢总那么支持我，我必须得干出来。这事让我心里感觉暖暖的。

招生结束后，邢总安排我给西安的一个驾培服务公司和一些驾校讲课，讲讲怎么招生的。我学历不高，从来没讲过课，心情比较忐忑，一听说群里还有研究生、博士什么的，可把我吓坏了，更不自信了。邢总说就讲自己真实的招生过程、经历和感受。讲完我就退群了，后来邢总告诉我，讲的非常好，群里都是表扬和赞许。她把截图发给我时，我除了生起成就感，更多的是非常感恩驾校给我提供这样一个分享成长的机会。我现在明白了，这种锻炼是邢总故意挖掘我的潜力，在帮我捅破自己的天花板，以前我不善言谈，邢总经常开会时故意点名让我发言，都是在锻炼我。在这种成长氛围里，你必须鞭策自己，自然而然就朝着目标去了。

邢总说："你不能当一辈子司机，要锻炼自己的管理能力，继续成长啊！"后来，我就调到考场担任主管，开始了管理生涯。

我从没想过会成为管理人员，没有做过管理，也从来没学过，都是从零开始，邢总及驾校领导一直都辅导我的成长。我从开始的忐忑，到现在的业务熟练、心态正向，发生了很大变化。其实，这一年的主管岗位锻炼，业务上的提升是次要的，心力、管理的这种意识培养和提升才是最重要的。

以前做司机，事情比较单一，对接的人也只有邢总一个人。现在，管理岗位对心力、承载力、思维认知、看问题的角度都有了完全不同的变化。这些变化就是成长。燕赵驾校就是有这种变化的氛围，所以我们一直在成长。

考场主管这个岗位让我学会了负责、担当，以前我一个人服务好邢总就行，现在是整个考场包括团队的事就得我全部扛起了，第一责任人肯定是我，这一年管理岗收获最大的就是心态的转变：坦然面对所有的问题，接受自己的不足，担当整个部门的责任。以前我的心态就不行，什么事都得论论对错，现在不论了，我们部门有什么事，一切都是我的责任。问题发生了，不用找任何理由，多说没用，想办法解决就是了。燕赵驾校就是这个氛围。

邢总经常讲"耕耘土壤"，邢总耕耘大块地的土壤，我耕耘的就是这小块地的土壤。

在燕赵驾校我最享受的，除了成长文化，还有爱的流淌，燕赵驾校的"爱文化"也是独一无二的。

情人节，我拿着驾校准备的一大束鲜花送给媳妇。送花时，我看到她同事都很惊讶，更多的是羡慕。今年重阳节，驾校给员工家老人发福利，我姥爷也领到了福利，校长专门给我姥爷写了一封信，我给姥爷读信，姥爷特别感动。这种爱，我想我应该传承和贡献下去。

我学会了用这种爱去服务学员。

记得有一个刚报名的学员，每一个节点的服务我都会跟进、提醒，关心他时间久了，我们就成了朋友，他每次考试合格都会第一个和我说，后来学完车，要去买车，非得喊我也一起去，跟我一起分享他提车的喜悦。

另外一个学员，刚生完孩子，家搬到深圳去了，学车时间非常紧张，临时排课插不进去，安排我来代课，每天插缝来练车，练完车赶紧回去给孩子喂奶，为了节约路上的时间，每次练完车我都是及时把她送回去。学员多次发红包表示感谢都被我婉拒。

燕赵5年的经历中，前4年一直是司机，一个只会当司机、只想当司机的普通驾驶员，现在，我是有一年管理经验的考场主管。这5年，我一次次的成长和突破都是以前从未经历过的，特别是这一年的管理经历，视野和看问题的角度整体就不一样了，有了质的飞跃，这是以前从不敢想的。

燕赵考试场主管　司士严

05　从幼稚到荣耀

我从一个刚出校园的毛头小子，成长为一个侃侃而谈的燕赵成长大学讲师，燕赵驾校实现了我从小就想当老师的梦想。

燕赵驾校一直有一股莫名的力量在吸引着我，后来我才明白，这是一股能让我不停成长的力量。在我成长过程当中，会有很多起伏、坎坷、纠结的东西，但是这股内在成长文化的吸引，让我一直坚守，一直成长。

我和每一个燕赵驾校成员一样，作为星星之火，我们都有一个共同愿景：让中国的交通发生变化，能够变得更好。

有时候讲科目一的时候，有二三百人在听课，看着台下的人听得津津有味，讲台上的我就会非常兴奋。我曾经还想："在驾校怎么成为老师啊？"燕赵驾校给了我成为一名老师的机会。现在，每一个学员都要从我这里学过，每年都能影响一万多人的安全意识，这份工作真是太酷了。后来，驾校推荐我配合驾校一点通给全国做学员录播课程，那是每年都影响数千万学员的一个课程，这些都是让我非常荣耀的事情。

在讲课的过程当中，我会给他们讲道路交通安全，把安全植入每一个人心中。驾校领导不停地教导敦促我，经常给出修正建议。从现在学员非常喜欢我，就能看出我的成长。朋友都说我和以前比好像变了一个人，这是让我感觉非常自豪的一件事。

参与新员工培训，是我学会的另一项技能。在这里，我将燕赵驾校的企业文化和精神力量以及关于交通安全的教学理念，种到每一个新教练的心中，他们在带学员的过程中，也一样会将安全意识带给每一个学员，这种传递，我觉得真是一个美好的过程。

燕赵驾校是一个有非常深文化内涵的地方，我还是燕赵驾校文化的使者，每年有上千所驾校来燕赵驾校参观，我是解说员之一。在每一次的外校参观活动中，我都在享受传递我们的使命、愿景、价值观的愉悦。他们从天南海北来到燕赵驾校，每一个来到燕赵参观的驾校，都是喜欢学习的驾校，都是中国驾培使命的践行者，和他们在一起，就有星星之火在相互碰撞的感觉，非常美妙。

我经常思考我的岗位，想象着我们的文化和使命传递到整个驾培行业，传递到每一个城市，传递到每一个驾校的时候，我是参与者之一，就有一种莫名的力量和幸福感。

记得第一次成功完成科目二考前辅导的时候，我躺在沙发上哭了，当老师的梦想终于实现了。做老师还给我带来了其他成绩。记得在一次招生竞赛中，我的招生成绩在全驾校的排名里名列第一，这在当时是一件非常值得炫耀的事情。成为招生冠军，这可是很多人的梦想。燕赵驾校品牌加上平台的赋能，这事在我身上就实现了。因为我给很多人讲过课，我很感激学员们和驾校平台的培养。

还是说讲课的事情，其实最痛苦的是刚开始讲课的时候，那时候不会讲，驾校给我安排讲课任务，边教边逼边辅导，逼我去学习，学习道路交通安全知识，逼我上台，开始讲课，现在回想起来，真的怀念这个倒逼的过程。科目二考前集训，也是邢总逼着我上去的。我说让我准备一下，邢总说明天就讲，我完全什么都没有准备，而且对那些东西特别不熟悉。第一天我逃跑了，我故意起晚了一会儿，因为是早上 8 点开讲，那天我故意迟到，一路忐忑。到驾校以后，发现已经有人在讲了，心终于放下了。

后来，燕赵驾校的面对文化对我起作用了，我想，这样可不行，不能让自己再这样逃了，得上。第一次只讲了 1/3，那是夏天，满身大汗，空调对着我吹，汗还是不停地往下流，我实在讲不下去了，学员都用异样的眼光看着我，把我看蒙了，实在讲不了了，驾校安排换人讲了。

第二回的时候讲了 2/3，一样也是汗流浃背。第三次终于是讲全了，然后我就把同事讲的考前集训录音找来，把录音一个字一个字转成文稿。当时写了三张，满满三张，一个字也插不进去了，然后又仔细抄了一遍。根据同事的讲稿，我又一遍遍地调整成为自己的风格和流程。这个成长过程，我终生难忘。

很多学员都说燕赵驾校跟别的驾校很不一样，我自己感觉燕赵驾校和其他驾校最大的区别在于它是一个成长型、学习型的企业，每时每刻，我们都处于创新的、不断变化的氛围里。就像我吧，那天跟一个朋友聊天，他就说我之前是一个比较幼稚的状态，现在都成讲师了。他们都为我感到高兴。

我的整个成长过程都是在燕赵驾校度过的。如果我在其他企业工作的话，可能就是按照自己一如既往的惯性做一些事情，不会有这些收获和成长。所以我感觉最不一样的地方，也是最重要的，就是学习成长的机会，人在学习成长的过程中，人生就变得有意义。

最重要的还有一点，就是个人的一些处事的方法和与人沟通的能力得到了提升，我变得更加自信了。之前，我在台上是不敢讲的，甚至不敢去看学员的眼神，现在我敢了。这个自信主要源于驾校给我的各种锻炼机会。我很享受这种锻炼和成长，以及它带给我的自信。

燕赵驾校成长大学讲师　孟祥明

06　十年磨一剑

我到燕赵驾校将近 10 年了，一直是在教练岗位。我见证了燕赵驾校近 10 年的变迁，从一个普通驾校，变成了全国驾校引领者。我也从一名默默无闻的教练变成了一名金牌教练。

近 10 年的教练生涯让我桃李满园，这些年也有很多故事。

记得有个女学员，她每天都有进步，但第二天总是又退回原地，她认为自己总是学不会，着急得不行。后来我根据她的情况，给她调整了学车规划，陪她聊天，调整她急着想考过的心情，引导她把考证放下，先以学好技术为主，耐心辅导之下，她顺利考过了。

如今，她一家子都是我的学员，后来，她一家人又给我介绍了很多学员，每年都给我介绍学员过来，现在她闺女正在跟我学车，是去年报的名。有时候，因为我还要教学，来不及给咨询报名的朋友讲解，他们一家人都会去帮我做成交，把我感动得稀里哗啦的。这都是这么多年来燕赵驾校文化和使命给我带来的收获和成长。

在工作中，我只想一件事，培育中国好司机，我作为一名教练，教学的过程就是培育好司机的过程，最重要的就是要把学员教好。让他学好、考好，将来开车开好。作为一名教练，服务好学员是贡献社会正能量的基本。

我刚来燕赵驾校的时候，对这个职业并没有啥认知。无论教学、招生、服务，都不冒头，没有任何可圈可点之处。

后来邢总提出了驾培使命，我觉得从那时开始，我就越干越有劲，这些年，我目睹了燕赵驾校的蜕变，我在这种变革的影响下开始去追求赢的感觉，追求向上的名次，追求服务与教学的提升。我也跟随驾校一起蜕变，从一个默默无闻的普通教练，蜕变成了一名招生、教学、服务三连冠的金牌教练。我的蜕变得益于燕赵驾校文化的熏陶和洗礼，邢总举起驾培使命的大旗，我们就追随着使命大旗，一心前行，做得更好。

有些驾校，直到今天，还是以前的老样子。燕赵驾校在邢总的带领下，从不停的变革中走出来了。随着燕赵驾校的变革，我也发生了改变，从一名只会教人考试的教练，成了今天受人尊敬的一位老师。每每想起我的两千多名学员，我就感动和幸福。

燕赵驾校科目二教练　王老师

07　教练访谈录

左教练

那是一个夏天，天气挺热的，一位从事健身教练的女学员只有中午有时间练车，我排的是 13:00 的课，当时 12:55 了，人还没到，我微信问她到哪里了，没有回我。13:00，人没影，我有点担心，就给她打了个电话。电话接通的那一刻，感觉同学犹如抓住了一根救命稻草。原来，她来练车场的路上看错导航走错路了，走到了荒郊野外一个纪念堂的门口，周围没有一个人，导航也看不懂，地方也不认识，正不知道怎么办呢，我的电话就来了。

我仔细询问了一下她的位置，她的方向感比较欠缺，通过简单的电话交流无法指引她重回正轨。怎么办呢？我赶紧告诉她："不慌，就像学开车一样，首先咱要稳住心态，今天的课耽误了没事儿，回头我给补回来，现在先找个阴凉的地方休息一会儿，等着我去拯救你。"

听到"拯救"，学员扑哧一声笑了，给我发了她的位置。没一会儿，我就赶到了那里接上了她，给她递上了一瓶水，说道："走错路哦就当健身了，出汗了，补补水。"

看着她孩子般的笑容，我也轻松了许多。

李教练

我刚来燕赵驾校还没半年的时候，没有多少招生资源，我就服务好每个学员，让学员帮我转介绍，我发现这个办法太好了，既交到了朋友，又招到了学员，一举两得。

一个女学员，学车期间，和我聊得挺愉快，后来我和他男朋友，她和我女朋友，都成了好兄弟和好姐妹。这起源于一次请客。那次她练车的时候，我说你要是这次考过，给你一个奖励，你可以叫着你男朋友，我请你俩吃饭。后来她真考过了，我就遵守自己的诺言，叫着我女朋友，喊着他男朋友一起吃了顿饭，这么一来二去，我们这两对情侣，关系越来越好了。

和学员关系好了，学员就会给我转介绍。还有个女学员在其他驾校考了五次没考过，驾校也不管她了，找我在燕赵驾校重新报的名。她对教学服务挺满意，我说你考不过，就给我介绍个朋友来学车，考过了，我给你买个礼物。后来，她完美过关，我也送了礼物，她高兴坏了，没多久，就给我介绍了3个学员。

每一个学员，我们都会成为很好的朋友，现在很多学员报名都是老学员给介绍来的。

吴教练

很多从来没摸过车的学员，第一次上车是恐惧的，想练车，但是心里害怕。第一堂课，我一般是多链接，少教项目，不让他学什么知识，而是让他对学车产生兴趣。根据个人的性格，因人而异进行教学，同时通过彼此沟通，相互了解，相互信任，这样就会有一个心与心的链接，学员就会放松，事半功倍。

前期工作做到位了，后面的课就会开开心心。学员总是说，跟你练车咋感觉时间过得特别快？他练车心情愉快时，就会觉得时间过得快。

练车时，我会给每个学员提前打印好训练用的图纸。我还根据不同学员的特点，拍一些专门针对学习情况的教学视频发给他，因为这个视频是专门针对他拍的，所以针对性就特强，他就感觉这个视频非常有用，同时也加深了我们的感情。

后续练车，多鼓励是重点，鼓励越多，学员练起来越带劲。给学员回复微信时，要及时回复，回复越快，学员就会感觉你在乎他，拖着不回，就把学员的距离拖远了。

我觉得教学最重要的是要了解学员。针对学员的性格脾气来上课，这事挺有趣。学员的情况你了解的越多，能为他提供的服务就越多，学员的工作、家庭、生活等我们都会聊，越聊越有共同语言，越聊和学员的关系就越融洽。

有个五十来岁的老大爷来学车，每次来了都是老师老师的喊，服务做不好都对不起"老师"那俩字。还有一个学员是报社的处长，知道我在招生，她联系所有的朋友帮我发广告，利用她的资源，天天发我的视频给我宣传，她说："我要让朋友们都知道燕赵驾校，知道你。"

邢教练

我在访谈邢老师的时候，邢老师正在为一名学员道贺，我说我要和这个学员聊聊，征得学员同意后，我和学员交流，得知了他们之间的故事。

学员说，邢教练是一个认真负责、幽默、温柔细心、有同理心的老师。他一直关心着我的学车全过程。我因为心情不好，科目三练车也没心情，想到考试，既着急又不知如何调整，这时邢教练的问候电话来了，询问我科目三的情况。

教练说，我刚下班，反正你现在也没事，咱出去转一圈，多练一圈对明天考试肯定有用。

因为邢教练很热情，那天晚上我们边聊天，他边辅导我，练到很晚才结束，当时别的教练都回家了，就剩下我和邢教练在那里练。后来听到邢教练的家人也在催他回去，我就开始着急，练得越来越不好，崩溃得快哭了，感觉自己很笨，对不起他付出的时间。

他安慰我，每天都有白天没时间练车，要晚上练车的，你只是其中一个。后来我才知道，邢教练这次就是专门陪着我练的，根本没有其他学员。

练完之后，我手机没有电了，邢教练怕我一个人不安全，他把教练车放回驾校后，开自己的车又把我送回家，最后，我一次性考过了科目三。

邢教练是一个特别坚韧的人，同时也很乐观，他教我的时候，我总能看见他的笑容，这会缓解我练车的压力。我想，他一定也肩负着更多的责任感，也有更多的压力，可是他真的很坚韧，对于失败与困难从不抱怨，总能乐观面对，这也是我从他身上学到的宝贵的精神财富。

张教练

我刚来到燕赵驾校工作的时候，经过成长大学培训，进入的岗位是带新学员学习最基础的驾驶技能，我们叫作基础课。

这些学员可以说是新手中的新手，对于学车，很多学员的印象还是道听途说的，教练凶，骂人，吃拿卡要等。

我是学员上车的第一位老师，我告诉学员，在燕赵驾校，从不讨论有关吃拿卡要的问题，因为燕赵驾校不存在这样的情况。

每次下课的时候，我都会嘱咐学员们注意安全，哪怕是在校园里，我也会嘱咐他们，别低头看手机，在训练场走路也得多加小心，靠边看车。

有时候就因为一个小小的用心，学员就会感动。其中一位姓靳的学员，就是因为我嘱咐的一句话，认定了要跟我学车。那个时候我还没有正式带学员，大概一个月后才能转为正式带课教练。她专门找我说，等我正式带课了再来跟我学车。后来我问她为什么，她就说我细心，关心学员，跟我一定没错。我当时听到这句话，也是特别感动。有时候一句关心，就会让学员记在心里，学员就会和你成为朋友，有机会的话还会给你转介绍。

有一些学员和我上班顺路，我就会征求他的意见，排第一节课，这样可以顺路一块把他接过来，特别是冬天，学员就不用挨冻了。晚上最后一堂课，有时候很晚了不安全，我也会练完车后把学员送回家。

只要用心，总能找到服务学员的地方。这正验证了邢总经常教导我们的那句话："事能不能做好？就看你用不用心！就看你是不是有意愿度？意向百分百，方法无穷尽。"

卜教练

小田学员平时很文静，在训练时总是比较害羞，科目三考试途中因为社会车辆的干扰，导致考试失败，这事对她打击挺大。

小田打来电话，接通电话之后没有说话，我只听到哭泣的声音，问她在哪，她也说不清楚，感觉是精神崩溃到不知道自己的位置，我认识到了事态的严重性，给她说了一个她能找到的位置等我。当我赶到的时候，她还在地上蹲着不停地哭，说自己要放弃学车。她当时非常难过，我生怕她冲动做出什么伤害自己的事情。

我在那里陪着她，慢慢地安抚她，在安抚好她的情绪后，就送她回了家。我一路上耐心开导她，挂科不仅仅是一次考试结果，还是我们面对意外和失败的考验。我顺便讲一些调整心态以及应对考试的技巧，并给她说了一些下一步的训练考试安排。她渐渐稳定了情绪。

我把她送到楼下，等她上楼后又让她的家人接听电话，告知家长她的情况和情绪，让她的家人继续鼓励她。后来，小田恢复了信心，从容地应对考试时，顺利过关。那一刻，作为教练，我感到无比幸福。多一些耐心，多一些责任，辛勤付出就会换来学员的喜悦与幸福。我的同事们一直用责任与使命让学员终生受益。我想，只要用心，每一刻都能行使自己的责任，都能贡献自己。

楚教练

我经常思考：学员来了，怎么负责任地把他教好？怎么让学员在我这儿愉快地学车，高兴地拿到驾驶证？如何保证学员拿到驾驶证后平安出行？后来我发现，其实遵循我们的"培育中国好司机，贡献社会正能量"的使命，就可以做到。

学员第一次来，我会详细了解学员的工作时间、练车时间、住址、离驾校的距离远近等情况，根据学员的时间和需求来安排课时练车。

有时候会遇到车感不好的学员或年龄较大的老大哥、老大姐，这些都是进度稍微慢一些的学员。这些学员，我发现耐心、细致会给他们带来非常好的体验。跟踪到位，不给学员在学车期间增加心理压力，多鼓励，多表扬，他们就会学得非常开心。每个学员的情况都不一样，根据学员的实际情况，制订最适合的练车和考试计划，学员满意后，他们转介绍学员也是最多的。

我时刻牢记，自己的一言一行不仅代表着个人形象，代表着燕赵驾校品牌形象，也代表着驾培的形象。我觉得，好教练是由好学员打造的，学员好，教练才好！所以事事先考虑"为学员好"就好了！

新的征程

驾培需要担当

我和邢海燕谈起驾校规划时，她直言道："燕赵驾校在办学理念上是领先于行业的，但是在流程化、标准化方面，还需要继续努力。对内，我们将继续发挥文化驱动发展的优势，继续提升流程化、标准化；对外，继续感召更多的驾培同仁和燕赵驾校一起贡献中国驾培，让中国交通因驾培而更加美好。"

邢海燕自始至终都在追求自己心中的那束光，不为金钱、名利等世俗的东西所困扰，始终保持纯粹、智慧的生命，引导着中国驾培使命，一步步发扬光大。我有时候在想：或许只有这种人才能影响世界，而这些人身上都有着相似的特性。

在和邢海燕的接触中，我发现她是一个多变的人，你既能看到她的雷厉风行，也能看到她的温文尔雅。有时候，她会因为团队成员态度问题而大发雷霆，不依不饶；有时候，她对大额损失竟然不计较，好像风轻云淡般飘过，没有任何感觉。时间久了我才知道：在她的观念里，事情做不好没问题，心态只要正确，早晚能找到解决问题的办法，早晚能做好；而如果心态不端正，再小的事也不可能做好。她发脾气从来都是因为心态问题，从没因为某件事做不好而发脾气。

也许这种信念，正是中国驾培所需要的。驾培需要担当，邢海燕首先担起了点燃驾培使命火种的担当，她正在引领驾培行业一起担起"安全出行"这个大担当。

驾培行业野蛮生长 20 年，整个行业满目疮痍。邢海燕的这种紧迫感、使命感和对态度较真的劲头，让中国驾培有了自己的使命，并开始从一个逐利的行业，正在迈向行使责任担当的行业。

"人"永远最重要

智慧驾校虽已在燕赵驾校落地，但邢海燕对智慧驾校的现状并不满足，她说：将来智慧驾校的模样不知道是什么样子，我们要勇于探索，这不单是驾校和行业发展的趋势，更是学员的需要，将来的智慧驾校，一定能让服务更加贴近学员需求。

虽然智能工具越来越可以让学员的体验感更强，让员工及管理者工作起来更便捷，但邢海燕从来没有把"人"的工作放松一丝一毫。

她说：智慧驾校是一个工具，"人"永远是工具的使用者。在驾培使命的指导下，这个工具正在日复一日地迭代完善。

在打造燕赵人的同时，邢海燕还为行业发展殚精竭虑，为了驾培，挥洒一腔热血。按照邢海燕的话说,"中国驾培还没有人为之舍弃名和利,那就从我邢海燕开始吧"。所以她把驾校利润都贡献给了驾培,把一切精力都贡献给了驾培。她对工作的热爱只能用数字表达为365×24。你也许看到有人一天工作12个小时不知疲倦,邢海燕如果要弄通一件事情,她有可能不休不眠,直到把事情弄明白为止。每个认识她的人都形容她为工作狂,我理解为这是她想干成事的决心。

过去,燕赵驾校的成功来自邢海燕惊人的创造力和学习力,还有面对困难矢志不移的坚定,那是近乎偏执的坚定。在她和燕赵人的身上,你看到的永远是创造不可能!再创造不可能!她说,改变中国驾培这事,就是要让不可能变成可能。

一次次偏执的坚定,践行着"培育中国好司机,贡献社会正能量"的使命,让邢海燕遇到的每一次困难成为她下一次创造的种子,她不仅次次能化险为夷,还能屡创新高。这不仅体现在燕赵驾校,而且在驾培行业也是如此。

她深知,这项宏大的事业无法由她一个人完成,所以她呕心沥血为燕赵驾校、为驾培行业培养人才,她在期望一个遍布全国的"贡献者方队"出现,去改变驾培,去贡献这个世界,去让中国交通更美好。而这个方队就要由成千上万的驾培人组成。

灯塔在每个人心中

邢海燕从一名普通驾培人,变身为中国驾培使命发起人。这种小姑娘逆袭的经历,电影里经常看到,写到这里我发现,邢海燕不就是电影里那些创业英雄的原型和写照吗?只不过不是在电影里放映,而是在现实中上演。

邢海燕似乎有一种神奇的能力：无论狂风暴雨多么猛烈，她始终能看到灯塔在哪里。

现在我想，这不是什么勇气，而是对目标和信念的极度信任，格局与想法的极度统一。而目标与信念、格局与想法，全都集中在那14个字的使命里，那个使命就是她的灯塔，那座灯塔一直在她心里。

其实，我们每个人也有灯塔，也都在自己心里。

改变世界是一件异常困难的事情，但总有人热衷于去改变。他们认为"很困难"不是理所当然的事情吗？今天失败了，没有什么了不起，再想想还有什么可能性，重新试一次！其实这就是改变世界的勇气。邢海燕就是这种每天不停地"再试一次"的人。

刚开始写这本传记的时候，我不知道该如何总结邢海燕和这个团队，此刻我脑海里蹦出来8个字：大胆地想，务实地干！这8个字就是燕赵驾校的秘密！

这只是梦想的开始

在这本传记的写作过程中，对于邢海燕的描述，我很多时候是称之为企业家，现在我觉得她不仅仅是企业家，还是一个逐梦的人，更多的时候用"梦想家"形容她更为贴切。

回想起来这4年来对她的认识和了解，她千真万确是一位实干的"梦想家"。她的梦想来自强烈的使命感和她对完美主义的追求。

追求完美主义的邢海燕，并不是喜欢钻牛角的人，相反，她是一个转变非常快的人。一切向目标看，当一个策略在某些时候失败的时候，或对完成目标无效的时候，她会迅速承认并接受失败，然后迅速做出调整并更换新的策略。

有时候她也会头脑一热，也会突发奇想，而所有的策略，都是在"培育中国好司机，贡献社会正能量"的指引下实行的。这一使命，曾经产生了摧枯拉朽的力量，让燕赵驾校一骑绝尘；曾点燃了万千驾校校长，让驾培人的生命更有意义。

现如今，行使、担当驾培责任，已成为无人能挡的趋势。全国两万多家驾校，正在面临淘汰与焕发新机的十字路口。以"贡献自己、成就他人"为做人宗旨的邢海燕正为中国新驾培涅槃重生进行着新的探索⋯⋯

传记写到这里，也行将结束，但是邢海燕、燕赵驾校乃至整个中国驾培都还在路上，他们更具传奇的故事，才刚刚开始⋯⋯